Pédagogie pratique

CE1

Réussir son entrée en grammaire

Françoise Bellanger
Aurélie Raoul-Bellanger

Mise à jour 2021

RETZ
editions-retz.com

Complément à la méthode, le cahier de l'élève (96 pages tout en couleur) contient tous les textes et exercices de ce guide ainsi que des petits bilans d'auto-évaluation et deux planches d'autocollants pour manipuler les étiquettes mots et les figurines.

Cet ouvrage suit l'orthographe recommandée par les rectifications de 1990 et les programmes scolaires.
Voir le site
http://www.orthographe-recommandee.info et son miniguide d'information.

ISBN : 978-2-7256-4124-9

Sommaire

Présentation générale

21 séquences de grammaire et de conjugaison

Progression des séquences

La progression proposée est établie selon une difficulté croissante des notions et en alternant les apprentissages de grammaire (classes de mots, fonctions et types de phrases) et de conjugaison.

L'ordre de certaines séquences pourra être modifié. Cependant, nous conseillons de ne démarrer l'étude systématique de la conjugaison qu'après avoir revu les notions de verbe et de sujet du verbe.

Séquences de grammaire

Séquences de conjugaison

1	La phrase	Définir la notion de phrase (suite de mots cohérente). Reconnaitre la majuscule au début et le point à la fin.
2	Les signes de ponctuation	Connaitre les signes . ! ? Identifier leur rôle dans une phrase.
3	Les groupes dans la phrase	Découvrir les groupes fonctionnels dans la phrase.
4	Le verbe	Identifier le verbe conjugué dans une phrase. Distinguer verbe conjugué et verbe à l'infinitif. Connaitre le rôle du verbe.
5	Les temps : passé, présent, futur	Définir les notions de passé, présent, futur. Identifier le verbe conjugué.
6	La forme négative	Reconnaitre une phrase à la forme négative. Mettre une phrase à la forme négative. Connaitre les marques de négation ne... (ou n') pas.
7	Le groupe sujet du verbe	Connaitre le rôle du sujet. Identifier le groupe sujet dans une phrase.
8	Manipuler le groupe sujet	Effectuer des manipulations sur le groupe sujet (remplacement, réduction, agrandissement).
9	Les pronoms personnels (en position sujet)	Savoir réduire le groupe sujet. Connaitre les pronoms personnels sujets et comprendre leur utilisation. Comprendre qui ils désignent dans le texte.

10	Les accords sujet / verbe	Comprendre que le sujet « commande » le verbe. Savoir que certains changements de la forme verbale s'entendent et que d'autres ne s'entendent pas, mais se voient à l'écrit.
11	Conjuguer des verbes du 1er groupe au présent	Comprendre la signification du terme « conjuguer ». Découvrir la conjugaison à l'indicatif présent des verbes du 1er groupe.
12	Conjuguer les verbes *être* et *avoir* au présent	Comprendre que ces verbes n'indiquent pas des actions. Connaitre leur conjugaison au présent.
13	Le nom	Identifier le nom au sein du groupe nominal. Connaitre le rôle du nom. Distinguer nom propre et nom commun.
14	Le déterminant, les articles	Connaitre le rôle du déterminant. Identifier les articles définis et indéfinis.
15	Conjuguer le verbe *aller* au présent	Connaitre la conjugaison de ce verbe au présent. Mémoriser les irrégularités usuelles : *je vais, tu vas, il va, ils vont*.
16	Conjuguer les verbes *faire* et *dire* au présent	Connaitre la conjugaison de ces verbes au présent. Mémoriser les irrégularités usuelles : *vous faites, vous dites, ils font*.
17	Le genre du nom : féminin ou masculin	Distinguer féminin et masculin. Savoir que l'on ajoute souvent « e » pour former le féminin d'un nom.
18	Le singulier et le pluriel	Distinguer singulier et pluriel. Savoir que l'on ajoute souvent « s » pour former le pluriel d'un nom.
19	Les accords dans le groupe du nom	Comprendre la chaine d'accords : déterminant + nom + adjectif qualificatif. Utiliser les marques d'accord dans le groupe nominal.
20	Conjuguer les verbes *être*, *avoir* et les verbes du 1er groupe au futur	Connaitre la conjugaison de ces verbes au futur. Comprendre la formation du futur.
21	Conjuguer les verbes *être*, *avoir* et les verbes du 1er groupe à l'imparfait	Connaitre la conjugaison de ces verbes à l'imparfait. Comprendre la formation de l'imparfait.

Introduction

Ce guide pratique, conforme aux programmes 2016 et aux ajustements de juillet 2018, propose une démarche pédagogique active pour un premier apprentissage structuré de la grammaire.

Démarche générale

Chaque notion est traitée en **cinq séances**, qui répondent chacune à des objectifs différents en tenant compte des recommandations officielles :

➥ **Extrait des ajustements 2018 des programmes 2016 : volet 3, les enseignements – Français**

L'étude de la langue est une dimension essentielle de l'enseignement du français. Elle conditionne l'aptitude à s'exprimer à l'écrit et à l'oral, la réussite dans toutes les disciplines, l'insertion sociale. Elle doit être l'objet d'un enseignement spécifique, rigoureux et explicite.

Une approche progressive, fondée sur l'observation et la manipulation des énoncés et des formes, leur classement et leur transformation, conduit à une première structuration de connaissances qui seront consolidées au cycle suivant ; mises en œuvre dans des séances spécifiques et dans de nombreux exercices d'entrainement, ces connaissances sont également exploitées – vérifiées, consolidées, automatisées – en situation d'expression orale ou écrite et de lecture.

Déroulement d'une séquence :

Construction de la notion

Séance 1 : Lecture et compréhension du texte. Approche intuitive de la notion.

Séance 2 : Découverte de la notion par la mise en scène des élèves.

Séance 3 : Construction de la notion par la manipulation. Structuration des connaissances et élaboration d'un mémo et / ou d'une carte mentale.

Consolidation et réinvestissement

Séance 4 : Entrainement et mémorisation.

Séance 5 : Entrainement et réinvestissement dans un court projet d'écriture.

Séance 1 | Lecture et compréhension du texte Approche intuitive de la notion

➥ **Extrait des ajustements 2018 des programmes 2016 : volet 3, les enseignements – Français – Étude de la langue (grammaire, orthographe, lexique)**

Les objectifs essentiels de l'étude de la langue au cycle 2 sont liés à la lecture et à l'écriture. Les connaissances acquises permettent de traiter des problèmes de compréhension et des problèmes orthographiques. Dès le cycle 2, l'enseignement de la langue est mené de manière structurée et progressive : la leçon de grammaire et de vocabulaire (découverte par l'élève d'une notion grammaticale ou d'un mot, de son sens, éventuellement de son histoire) doit être pratiquée dans le cadre de séances régulières qui leur sont spécifiquement consacrées.

La première séance débute toujours par la lecture d'un texte court. Chaque élève dispose d'une reproduction individuelle du texte. Si la classe est équipée d'un vidéoprojecteur, on pourra projeter le texte pour un meilleur suivi collectif. Les élèves sont, tout d'abord, invités à lire le texte individuellement en silence. Puis ils procèdent à des lectures à voix haute : par exemple une lecture poursuite (changement de lecteur à chaque phrase) en vue de consolider la notion de phrase ou une lecture dialoguée (un lecteur différent pour chaque interlocuteur et un narrateur) pour consolider le rôle de la ponctuation.

Pour s'assurer que les élèves ont compris la situation, identifié les personnages, l'enseignant propose ensuite quelques questions de compréhension simples.

Cette phase est ensuite suivie d'observations qui permettent une approche intuitive du fait de langue qui va être étudié dans les séances suivantes.

Séance 2 | Découverte de la notion (mise en scène)

➥ Extrait des ajustements 2018 des programmes 2016 : volet 3, les enseignements – Français – Étude de la langue (grammaire, orthographe, lexique)

L'étude de la langue s'appuie sur l'observation et la manipulation d'énoncés oraux et écrits issus de corpus soigneusement constitués. C'est à partir de ces activités qu'il convient de structurer les apprentissages et de formuler des règles.

Mise en scène.

La deuxième séance s'appuie sur le texte découvert en séance 1 et sur quelques phrases simples, extraites du texte, qui font l'objet d'une première étude de la grammaire.

Pour faciliter l'appropriation de concepts abstraits, l'enseignant propose une mise en scène : chaque enfant « joue » alors le rôle d'un mot dans une phrase en utilisant des étiquettes collectives.

Pour matérialiser **la nature différente des mots** dans la phrase (déterminant, nom, pronom personnel, verbe, adjectif), les enfants portent un « collier-figurine » (Colliers-figurines couleurs ou à colorier ; voir aussi un exemple p. 14) : soit ils déterminent eux-mêmes le collier à porter, soit le choix s'effectue collectivement. Les enfants porteurs de collier se donnent la main pour **mettre en évidence la chaine d'accords** dans un groupe de mots et se déplacent ou se remplacent pour **effectuer des manipulations dans la phrase de manière active et visuelle**.

Lors de cette phase de découverte, on prendra soin de favoriser les échanges au sein du groupe-classe.

Concernant les séquences de conjugaison, la mise en scène s'appuie sur **la pratique langagière** pour faire émerger les différentes formes conjuguées du verbe.

À l'issue de cette séance, le groupe-classe, aidé de l'enseignant, fait **une première synthèse orale** des notions essentielles découvertes. Cette synthèse ne reprend que ce qui vient d'être mis en évidence sans pour autant formaliser les savoirs sous forme de mémo.

Cette phase de mise en scène, orale et collective, est généralement ponctuée d'un temps d'appropriation individuelle écrit.

Séance 3 | Construction de la notion et structuration des connaissances

➥ Extrait des ajustements 2018 des programmes 2016 : volet 3, les enseignements – Français – Étude de la langue (grammaire, orthographe, lexique)

L'étude de la langue s'appuie sur l'observation et la manipulation d'énoncés oraux et écrits issus de corpus soigneusement constitués. C'est à partir de ces activités qu'il convient de structurer les apprentissages et de formuler des règles. Une dernière phase consiste à automatiser et mémoriser les compétences acquises.

Cette séance approfondit la construction des connaissances. Elle débute par un rapide rappel (5 à 10 minutes maximum) des notions découvertes lors de la séance précédente : utilisation des traces écrites réalisées lors de la séance 2.

Ensuite, l'enseignant place les élèves en situation de recherche privilégiant la manipulation, le plus souvent en binômes.

Les élèves apprennent à trier les mots dans différentes catégories (classes), ils comprennent et font fonctionner les accords (associations de mots) et s'exercent aux différentes manipulations dans la phrase (substitution, déplacement, ajout, suppression…).

Cette démarche, complémentaire de celle de la première séance, permet aux élèves, d'une part, de se décentrer par rapport à la situation vécue de mise en scène, et, d'autre part, de construire la notion de manière plus individualisée.

Chaque temps de recherche est suivi d'une validation collective au tableau. L'enseignant veille à faire justifier le choix des binômes et passe rapidement sur les propositions consensuelles pour se concentrer sur les difficultés, erreurs ou désaccords qu'il a observés pendant le temps de recherche.

Activité de tri en binôme.

À la fin de cette séance, l'enseignant, par un questionnement oral, guide les élèves dans l'élaboration d'un mémo et / ou d'une carte mentale.

Les mémos et cartes mentales présentés sont donnés à titre d'exemple : il est important que les élèves les formulent avec leurs propres mots et que la rédaction en soit très simple.

L'accord du verbe avec son sujet

C'est le sujet qui « commande » le verbe. Lorsque le sujet change, la forme du verbe change.

On dit que **le verbe s'accorde avec son sujet**.

Exemple : *Martin dort.* → *Martin et son frère dor**ment**.*

L'accord du verbe avec son sujet peut s'entendre quand on parle :

Exemple : *J'**ai** un livre.* → *Vous **avez** un livre.*

Ou ne pas s'entendre mais s'écrire :

Exemple : *Papa chant**e**.* → *Papa et maman chant**ent**.*

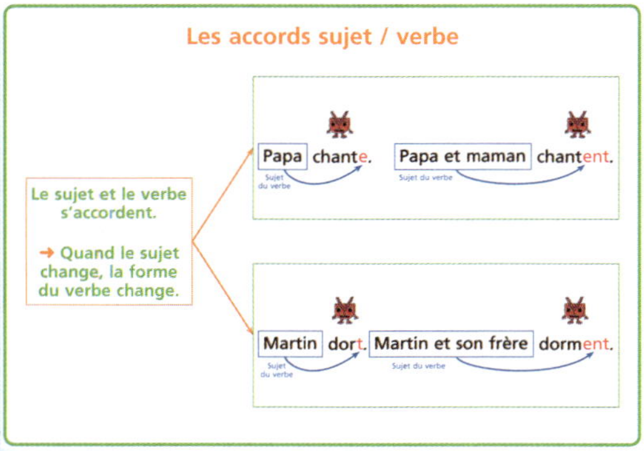

10. Mémo

10. Carte mentale

Séance 4 | Entrainement et consolidation

➥ **Extrait des ajustements 2018 des programmes 2016 : volet 3, les enseignements – Français – Étude de la langue (grammaire, orthographe, lexique)**

Les connaissances se consolident dans des exercices réguliers et répétés et des situations de lecture et d'écriture.

Cette séance commence toujours par un rappel rapide des notions contenues dans le mémo (questionnement oral de l'enseignant puis relecture à voix haute par un ou deux élèves n'excédant pas 5 minutes).

Les élèves effectuent ensuite une série d'exercices ciblés pour s'entrainer et renforcer leurs acquis (Les 21 Fiches élèves).

Pour chaque notion, 6 ou 7 exercices d'application à réaliser de manière individuelle sont proposés. Les compétences de chaque exercice sont détaillées, l'enseignant peut ainsi mieux se repérer et éventuellement n'en sélectionner que quelques-uns pour mieux différencier sa pédagogie. Un corrigé est disponible pour chaque fiche à destination des élèves si l'enseignant choisit de les faire travailler en autonomie (Les 21 Fiches élèves corrigées).

Certains exercices pourront être réalisés ou repris oralement et collectivement dans le cadre d'activités rituelles (*cf.* encadré Activités ritualisées).

Séance 5 | Réinvestissement dans un court projet d'écriture

➥ Extrait des ajustements 2018 des programmes 2016 : volet 3, les enseignements – Français – Étude de la langue (grammaire, orthographe, lexique)

Les connaissances se consolident dans des exercices réguliers et répétés et des situations de lecture et d'écriture.

La phase d'entrainement se termine par une petite production d'écrit très simple permettant aux enfants de réinvestir leurs connaissances.

Chaque élève s'essaie à écrire sur son cahier de brouillon, l'enseignant circule pour apporter une aide individualisée et corriger individuellement les productions.

Les élèves recopient au propre puis, lors d'un temps d'échange, ils lisent leur production au reste de la classe.

Remarque : Bien évidemment, le transfert n'est pas toujours immédiat et il faudra assurer ce réinvestissement des notions tout au long de l'année, dans d'autres contextes.

Conseils et pistes pédagogiques

Programmation

Au début de la classe de CE1, nous conseillons de privilégier le travail de révision des graphies des sons durant la première période. La séquence 1 (notion de phrase) pourra cependant être abordée dès cette période.

Pour les autres séquences (2 à 21), nous conseillons de commencer leur étude dès le début de la deuxième période (en janvier).

Dans le cadre des 10 heures hebdomadaires de français (soit 2 heures à 2 heures 30 par jour), nous recommandons d'échelonner les 21 séquences, à raison de 4 ou 5 séquences par période.

Choix pédagogiques

Prenant en compte les ajustements aux programmes 2016 parus en 2018, les choix pédagogiques suivants ont été faits :

• En grammaire

– Les terminologies « complément d'objet direct », « complément d'objet indirect », « complément circonstanciel » ne sont pas utilisées au cycle 2.

Pour les élèves de CE1, la phrase est composée de 2 groupes : le groupe du sujet du verbe (encadré bleu) et le groupe du verbe (encadré rouge).

CE1

Remarque : Pour les élèves de CE2, nous adopterons les terminologies « compléments du verbe » pour le COD et le COI, et « compléments déplaçables » pour les compléments circonstanciels (lieu, temps, manière...).

CE2

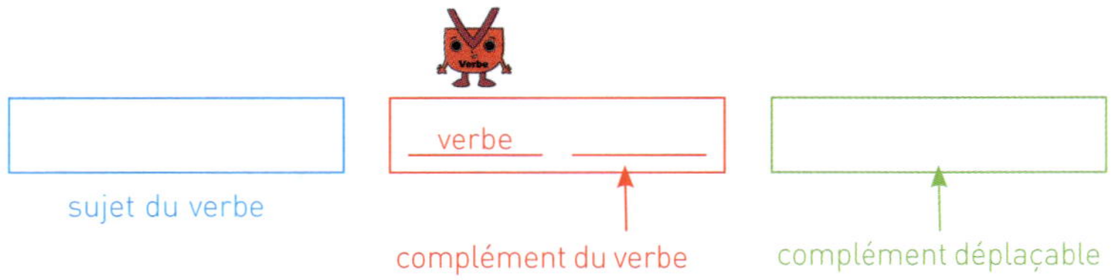

Dans un souci de simplification pour les élèves de CE1, nous avons fait le choix d'étudier en premier lieu les signes de ponctuation. Les types de phrases ainsi que la forme exclamative sont abordés à travers l'étude des signes mais sans apport ni distinction de la terminologie « type et forme de phrases ». À ce stade, nous privilégions l'étude du rôle des signes de ponctuation :

– **Le point** marque la fin d'une phrase à l'écrit et indique qu'à l'oral l'on doit descendre l'intonation et marquer un arrêt.

– **Le point d'interrogation** marque la fin d'une phrase qui pose une question et indique que l'on doit oralement utiliser l'intonation interrogative.

– **Le point d'exclamation** marque la fin d'une phrase et indique que l'on doit oralement utiliser l'intonation exclamative qui exprime une émotion (joie, colère, surprise...).

Les trois types de phrases et les formes négative et exclamative seront étudiés en CE2.

Remarque : Les adjectifs sont utilisés de manière implicite dans le groupe nominal, notamment lors de l'étude des accords (déterminant-nom-adjectif) sans exiger, pour les élèves de CE1, la terminologie « adjectif qualificatif » qui sera présentée et mémorisée en CE2.

• En conjugaison

Parmi la liste des temps et des verbes à étudier au cours du cycle 2, sont proposées pour le CE1 :

– la conjugaison au présent des verbes du 1er groupe, des verbes *être* et *avoir*, ainsi que celle de *faire*, *dire*, *aller* qui sont fréquemment utilisés en écriture de textes.

– la découverte de la conjugaison au futur et à l'imparfait des verbes du 1er groupe et des verbes *être* et *avoir*.

NB : Les programmations et les progressions peuvent évoluer en fonction du niveau des élèves et des concertations avec les collègues du même cycle.

Terminologie

De manière générale, veiller à utiliser les termes grammaticaux exacts et précis. Cependant, afin d'en éclairer le sens, doubler leur usage en utilisant une expression plus simple et plus imagée. Par exemple, parler « des compagnons du nom » en référence au déterminant et à l'adjectif qualificatif ; utiliser l'expression « se mettre d'accord » pour éclairer le sens du terme « s'accorder » ; de même, faire référence à l'instrument de musique qui s'accorde pour éviter les fausses notes... Les termes « nature » et « fonction » seront expliqués par « Comment ça s'appelle ? » et « À quoi ça sert ? ».

Il est important de noter que les figurines symbolisent la nature des mots.

Réaliser une figurine supplémentaire pour illustrer une fonction (ex. sujet du verbe) serait un non-sens puisque cela contribuerait à renforcer la confusion entre nature et fonction dans l'esprit des élèves.

Par ailleurs, il est important d'utiliser des intitulés de fonction grammaticale dans leur intégralité afin d'éviter des confusions et des fausses représentations.

Exemples : « sujet du verbe » et non pas seulement « sujet ».

Conseils matériels

Les étiquettes collectives

Pour faciliter la manipulation des grandes étiquettes collectives, nous recommandons de les photocopier sur une feuille cartonnée.

Les conserver dans des pochettes pour pouvoir les réutiliser (il existe par exemple dans le commerce des grandes pochettes transparentes zippées pour les produits congelés).

Les figurines

Trois formes de figurines sont proposées :
- les colliers-figurines utilisés dans les mises en scène ;
- les figurines collectives à afficher au tableau ;
- les figurines miniatures pour un usage individuel.

Dès le début d'année, imprimer les colliers-figurines sur du papier cartonné et accrocher un élastique à chapeau pour pouvoir les enfiler autour du cou des enfants (Colliers-figurines couleur ou à colorier). Afin de différencier davantage les figurines illustrant la nature des mots, les figurines sont proposées en version colorisée. Cependant, l'enseignant peut utiliser la version en noir et blanc pour les colorier selon son choix (pour assurer par exemple une harmonisation avec les collègues de cycle 3).

Prévoir un jeu de figurines sans élastique (d'un format plus petit que celui des colliers-figurines) pour les fixer au tableau avec de la pâte adhésive ou un aimant.

Phase de manipulation avec des étiquettes

Lors du travail en binôme, pour faciliter la manipulation et éviter la perte des étiquettes, faire ranger le matériel qui se trouve sur les tables et donner éventuellement une petite barquette pour y déposer les étiquettes. Pour les activités de tri, faire établir une séparation en plaçant une règle au milieu de la table.

Affichages

- Veillez à ce que les affichages restent toujours propres, en bon état et bien lisibles pour tous les élèves. Les utiliser fréquemment en tant que ressources pour un rappel, une activité rituelle, etc.
- Les cartes mentales proposées pourront être utilisées en affichage collectif et / ou en mémo individuel conservées dans des porte-vues transparents.
- Pour les verbes conjugués, écrire le radical du verbe en noir et la terminaison en couleur.
- Des recherches sur la mémoire montrent l'importance de la disposition spatiale de l'objet à mémoriser. Ainsi, privilégier des affichages organisés de manière pertinente dans la classe. Par exemple, présenter les affiches du temps présent face aux élèves, les tableaux du passé sur le mur de gauche et ceux du futur sur le mur de droite.

Activités ritualisées

En conjugaison

De manière générale, en étude de la langue et particulièrement en conjugaison, les séquences de découverte ne suffisent pas à l'entière mémorisation. C'est pourquoi nous proposons une courte activité pouvant être utilisée en rituel journalier. Les étiquettes verbes utilisées sont accumulées au fur et à mesure des séquences et permettent donc la révision des notions de conjugaison précédentes.

Objectif : Mémoriser la conjugaison des verbes aux différents temps étudiés.

Organisation : Travail collectif.

Matériel : 2 boites contenant :

- Étiquettes des pronoms personnels :

je | j' | tu | il | elle | on | nous | vous | ils | elles

ils / elles | il / elle / on

Pronoms personnels – Étiquettes collectives

- Étiquettes de verbes déjà étudiés, à l'infinitif :

Activités ritualisées

Déroulement :

- Placer dans l'une des boites l'ensemble des pronoms personnels sujets et dans l'autre des verbes à l'infinitif étudiés.
- Faire sortir les ardoises.
- Faire rappeler le temps de conjugaison étudié, l'écrire en haut du tableau.
- Demander à un élève de tirer au sort un pronom personnel et un verbe à l'infinitif, de les lire à voix haute et de les afficher au tableau.
- Faire chercher et écrire sur l'ardoise la forme conjuguée correspondante. Pendant ce temps, l'élève au tableau écrit sa proposition derrière le rabat du tableau (partie cachée).
- Faire lever les ardoises et demander à l'élève d'ouvrir le tableau pour montrer sa réponse.
- Faire valider la forme conjuguée exacte en se référant si besoin au tableau de conjugaison.
- Changer plusieurs fois l'élève qui écrit au tableau et mener l'activité de façon dynamique (utiliser le procédé La Martinière).

Variante :

Si l'on dispose de peu de temps, on peut travailler collectivement et oralement : faire chercher et interroger un élève, écrire sous la dictée de l'enfant qui épelle, le groupe classe valide.

En grammaire

Chaque exercice proposé dans les fiches de la séance 4 peut servir de support à une activité ritualisée collective (orale ou écrite). Exemples : faire identifier le verbe et afficher la figurine correspondante. Récrire une phrase en changeant les pronoms personnels sujets. Changer la phrase en mettant le sujet au pluriel. Transformer une phrase à la forme négative...

Contenu des ressources numériques

Plus de 200 PDF à imprimer ou à vidéoprojeter

L'application contient toutes les ressources nécessaires à la mise en œuvre des séquences : figurines, pronoms personnels, étiquettes mots, textes, fiches élèves, mémos, tableaux de conjugaison, cartes mentales.

Tous ces documents sont **prêts à l'emploi :** imprimez (en couleur ou en noir et blanc, en A4 ou en A3), photocopiez, découpez ou vidéoprojetez.

Tous les documents, individuels et collectifs, utiles à chaque séance sont accessibles d'un simple clic :

- **Outils individuels**

Retrouvez tous les outils :

- **de manipulation :** textes, étiquettes mots, étiquettes phrases... ;
- **d'entrainement :** toutes les fiches élèves ;
- **de mémorisation :** tous les « mémos », « cartes mentales » et « tableaux de conjugaison mémo ».

- **Outils collectifs à reproduire en grand format ou à vidéoprojeter**

Reproduisez en taille réelle, en grand format ou vidéoprojetez les figurines, les textes, les étiquettes mots de grand format... utiles pour les séances collectives.

- **Personnalisez les fiches élèves.**

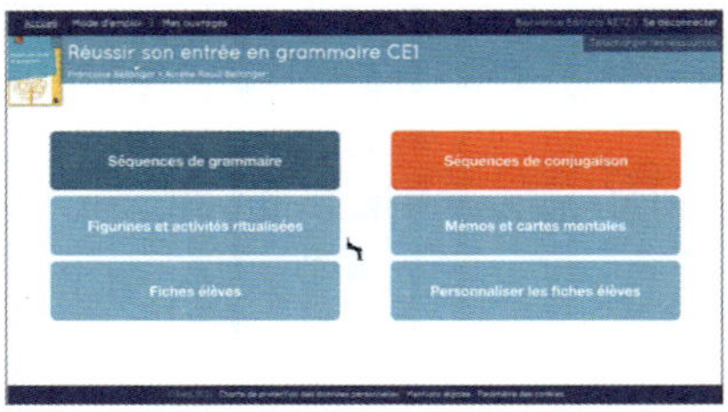

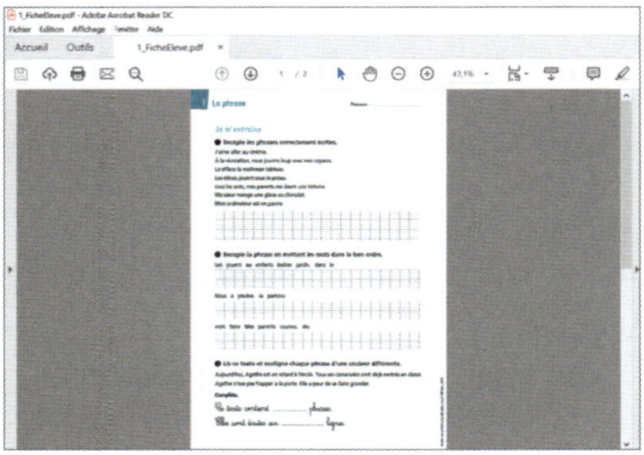

Présentation détaillée des ressources numériques pages 205 et suivantes.

21 séquences de grammaire et de conjugaison

La phrase

Il est vivement conseillé, pour l'ensemble des séquences, de se reporter à la démarche générale, aux pistes pédagogiques et à la fiche guidée proposées dans l'introduction (p. 6), notamment pour l'élaboration de la règle qui suit une mise en œuvre précise.

Programmes 2016, ajustements 2018 – Connaissances et compétences associées :
- Identifier la phrase, en distinguer les principaux constituants et les hiérarchiser.
- Utiliser la ponctuation de fin de phrase (! ?) et les signes du discours rapporté (« »).

Séance 1 | Lecture et compréhension du texte

Objectifs
- Comprendre un texte.
- Lire à haute voix.
- Pratiquer différentes sortes de lectures.
- Se familiariser avec la notion de phrase.

Organisation Travail collectif et individuel.

Matériel
- Photocopie individuelle du texte *Victor le maladroit.* 1. Texte
- Facultatif : le même texte reproduit ou vidéoprojeté collectivement au tableau.
- Crayons de couleur ou surligneurs.

Déroulement

Victor le maladroit

Le petit Victor joue au ballon dans le jardin. Sa sœur Marine mange une glace.
Soudain, Victor tape dans le ballon. Marine le reçcit dans la figure.
Sa glace est tout écrasée.
Marine est toute barbouillée. Marine pleure.
Son frère éclate de rire.
Victor lui demande pardon. Il lui fait un gros bisou.

- Faire lire silencieusement le texte.
- Questionner les élèves pour contrôler la compréhension :

De qui parle-t-on ? Qui sont Victor et Marine ?
Où se passe l'histoire ? Que font les enfants ?
Que se passe-t-il ? Comment réagit Marine ? puis Victor ?

- Faire repérer le titre et le faire entourer en couleur. Faire expliquer et justifier le titre « Victor le maladroit ».
- Faire une lecture magistrale expressive.
- Faire rappeler ce qu'est un texte et faire lire à haute voix le texte entier par deux ou trois élèves.
- Organiser une lecture « poursuite » : expliquer que chaque enfant ne devra lire qu'une seule phrase. Demander aux enfants combien de lecteurs sont nécessaires. Désigner les lecteurs et fixer l'ordre de passage de chacun. Faire lire toutes les phrases à la suite dans l'ordre du texte. Sans signal de la part de l'enseignant, le premier élève lit la première phrase, le deuxième élève désigné lit la deuxième phrase, puis le troisième lit la phrase suivante, etc.

Séance 2 | Découverte de la notion

Objectifs
- Comprendre qu'une phrase est une suite de mots qui a du sens.
- Prendre conscience que la place des mots dans la phrase est importante.
- Identifier une phrase dans un texte.
- Comprendre l'importance de la majuscule et du point pour signifier respectivement le début et la fin d'une phrase à l'écrit.

Organisation Travail collectif et individuel.

Matériel
- Texte *Victor le maladroit* à photocopier. 1. Texte
- Facultatif : texte reproduit ou vidéoprojeté au tableau.
- Étiquettes-mots collectives et une étiquette-signe de ponctuation. 1. Mise en scène

Le	le	petit	Victor	joue	dans	le	jardin	
au	ballon	glace	Sa	sa	sœur	Marine	mange	une
glace	Soudain	Victor	tape	Une	.			

Déroulement

Rappel de la séance précédente

Faire une lecture magistrale du texte en marquant bien l'intonation.

Mise en scène

Première étape

• Distribuer les étiquettes-mots et laisser les élèves les lire.

• Énoncer la phrase : « *Le petit Victor joue au ballon dans le jardin.* » Demander aux enfants qui possèdent les bonnes étiquettes de venir se placer debout face à la classe en tenant leur étiquette devant eux et de s'organiser pour écrire la phrase.

Le groupe-classe doit ensuite valider et apporter les corrections éventuelles en les justifiant.

Faire observer la majuscule du premier mot de la phrase et le point à la fin. Faire remarquer que le mot *Victor*, comme tous les prénoms, commence par une majuscule alors qu'il n'est pas le premier mot de la phrase.

• Énoncer une deuxième phrase : « *Sa sœur Marine mange une glace.* » Adopter la même démarche.

• Après la validation, procéder alors à un changement d'ordre des mots dans la phrase en faisant permuter les enfants qui portent les étiquettes « une glace » et « Sa sœur Marine ».

Faire lire la nouvelle phrase : « *une glace mange Sa sœur Marine.* »

Interroger les élèves : la nouvelle phrase a-t-elle du sens ? Les deux phrases (« *Sa sœur Marine mange une glace.* » et « *une glace mange Sa sœur Marine.* ») veulent-elles dire la même chose ?

• Demander aux élèves d'essayer de jouer les deux situations correspondant aux deux phrases et faire remarquer l'absurdité de la deuxième phrase.

• Faire remarquer qu'à l'écrit la nouvelle phrase n'est pas correcte au niveau des majuscules (« une glace » et « Sa sœur ») et faire réaliser les changements nécessaires.

Proposer un nouveau changement dans l'ordre des mots et placer les élèves de gauche à droite face à la classe pour écrire : « *Sa mange sœur Marine glace une.* »

Laisser les élèves réagir sur l'incohérence de la phrase.

• Procéder de la même manière avec la phrase : « *Soudain, Victor tape dans le ballon.* » / « *Soudain, le ballon tape dans Victor.* »

• Faire formuler une synthèse orale du type : « *Dans une phrase, l'ordre des mots est important. Si on change la place des mots, cela peut entrainer des modifications : parfois cela ne veut plus rien dire, parfois cela signifie autre chose.* »

Deuxième étape

- Demander aux élèves de relire individuellement leur texte.
- Faire compter le nombre de phrases.
- Pour valider, envoyer des élèves au tableau souligner d'une couleur différente chaque phrase et repasser en couleur la majuscule du début et le point de la fin. Faire remarquer qu'une phrase peut s'écrire sur une ou plusieurs lignes.
- À ce stade, le groupe-classe, aidé par l'enseignant, fait émerger oralement les trois critères nécessaires pour écrire une phrase :

– L'ordre des mots est important dans une phrase pour lui donner du sens.
– Le premier mot de la phrase commence par une lettre majuscule.
– La phrase se termine par un point.

Séance 3 | Construction de la notion

Objectifs
- Identifier une phrase correcte.
- Réaffirmer l'importance de la majuscule et du point pour signifier respectivement le début et la fin d'une phrase à l'écrit.

Organisation
Travail de recherche en binôme puis travail collectif.

Matériel
- Un jeu d'étiquettes-phrases par binôme. 1. Manipulations en binôme
- Le même jeu agrandi pour affichage au tableau. 1. Manipulations collectives

Victor joue au jardin le ballon dans.	Sa sœur Marine une glace.
La petite fille mange une glace.	les enfants jouent au ballon.
La glace est tout écrasée	Le frère de Marine éclate de rire.
Marine reçoit le ballon dans la figure.	Elle est toute barbouillée.

Déroulement

Manipulations et recherches

- Faire découper les étiquettes et les faire lire.
- Pendant ce temps, tracer au tableau deux colonnes : écrire dans l'une « phrases correctes » et dans l'autre « phrases incorrectes ». Puis afficher les étiquettes des phrases agrandies à l'écart sur le tableau.
- Demander aux élèves de trier les phrases en mettant d'un côté de leur table celles qui sont correctes et de l'autre celles qui ne le sont pas. Préciser aux enfants qu'ils devront expliquer leurs choix.

Chaque binôme recherche pendant un temps donné. Circuler pour observer les erreurs et les difficultés qui seront reprises lors de la phase collective.

- Procéder à une mise en commun : chaque équipe vient afficher au tableau dans la bonne colonne une des phrases en utilisant les étiquettes agrandies. Les élèves lisent à haute voix la phrase proposée et argumentent leur choix.

La classe valide en reprenant les trois règles nécessaires à une phrase correcte : la phrase a-t-elle du sens ? Y a-t-il une majuscule ? Y a-t-il un point ?

- Collectivement, faire corriger si possible les phrases incorrectes en envoyant un élève au tableau pour ajouter points et majuscules manquants. Changer d'élève pour chaque phrase.

Synthèse, élaboration de la règle (mémo) et carte mentale

La phrase

Une phrase est une suite de mots qui a du sens. Elle raconte quelque chose. L'ordre des mots est important.

Quand on écrit une phrase, on doit marquer :
– le début de la phrase en mettant une **majuscule** au premier mot ;
– la fin de la phrase en mettant un **point**.

1. Mémo

La phrase

- **Une phrase est une suite de mots qui a du sens.**
- **Elle raconte quelque chose.**
- **L'ordre des mots est important.**

Le petit garçon joue au ballon.

majuscule au début — *point à la fin*

1. Carte mentale

Séances 4 et 5 | Exercices de systématisation et court projet d'écriture

Objectifs
- Mémoriser les notions essentielles.
- Réinvestir ses connaissances dans des exercices d'application.

Organisation Travail individuel, correction individuelle ou collective.

Matériel
- Photocopies de la fiche élève n° 1 et son corrigé.
  1. Fiche élève et 1. Fiche élève corrigée
- Cahier d'essai.

Compétences abordées :

Ex. 1 : Savoir identifier des phrases correctes.
Ex. 2 : Travailler la cohérence d'une phrase.
Ex. 3 : Savoir identifier des phrases dans un texte en distinguant ligne et phrase.
Ex. 4 : Comprendre l'importance de l'ordre des mots.
Ex. 5 : Savoir écrire des phrases cohérentes et syntaxiquement correctes.
Ex. 6 : Retrouver les phrases d'un texte à partir d'une lecture orale et les ponctuer.

1 La phrase

Prénom : ....

Je m'entraine

❶ **Recopie les phrases correctement écrites.**

J'aime aller au cinéma.
À la récréation, nous jouons loup avec mes copains.
La efface la maitresse tableau.
Les élèves jouent sous le préau.
tous les soirs, mes parents me lisent une histoire.
Ma sœur mange une glace au chocolat.
Mon ordinateur est en panne

❷ **Recopie la phrase en mettant les mots dans le bon ordre.**

Les jouent au enfants ballon jardin. dans le

Nous à piscine. la partons

vont faire Mes parents courses. des

❸ **Lis ce texte et souligne chaque phrase d'une couleur différente.**

Aujourd'hui, Agathe est en retard à l'école. Tous ses camarades sont déjà rentrés en classe. Agathe n'ose pas frapper à la porte. Elle a peur de se faire gronder.

Complète.

Ce texte contient .... phrases.
Elles sont écrites sur .... lignes.

1

❹ **Relie chaque phrase au dessin qui l'illustre.**

La sorcière est sur son balai magique.

Le balai magique est sur la sorcière.

Antoine gronde maman.

Maman gronde Antoine.

❺ **En utilisant des mots de chacune des colonnes, écris deux phrases.**

Mon copain	lave	son chien.
Le maitre	coupe	une pomme.
Ma sœur	mange	le tableau.

❻ **Écoute ton enseignant lire ce texte. Recopie-le sur ton cahier en ajoutant les points et les majuscules qui manquent.**

la récréation est terminée les enfants se mettent en rang ils rentrent en classe et vont s'asseoir à leur place. tout le monde se remet au travail.

J'écris

❼ **Écris, en une phrase, ce que représente chaque image.**

2

Les signes de ponctuation

Programmes 2016, ajustements 2018 – Connaissances et compétences associées :
– Identifier la phrase, en distinguer les principaux constituants et les hiérarchiser.
– Utiliser la ponctuation de fin de phrase (! ?) et les signes du discours rapporté (« »).

Séance 1 | Lecture et compréhension du texte

Objectifs
- Comprendre un texte.
- Lire à haute voix.
- Pratiquer une lecture dialoguée.
- Se familiariser avec différents signes de ponctuation.

Organisation Travail collectif et individuel.

Matériel
- Photocopie individuelle du texte *Que choisir ?* 2. Texte
- Facultatif : le même texte reproduit ou vidéoprojeté collectivement au tableau.
- Crayons de couleur ou surligneurs.

Déroulement

Que choisir ?

Manon est devant la pâtisserie. Elle n'arrive pas à se décider.
Sa maman lui demande : « Que veux-tu manger ?
– Je ne sais pas.
– Est-ce que tu veux un éclair au chocolat ?
– Je ne sais pas, un éclair au chocolat… un pain aux raisins…
– Décide-toi, Manon !
– Oh, je veux la tarte aux fraises ! Comme elle est appétissante !
– Tu en es bien sûre cette fois ?
– Euh, non, je veux un chausson aux pommes.
– Tu commences à m'agacer ! Vas-tu enfin te décider ?
Manon réfléchit et déclare :
– On va acheter les quatre gâteaux !
On les mangera ce soir avec Papa et Julia.
– Voilà une très bonne idée ! » dit sa maman.

- Faire lire silencieusement le texte.
- Questionner les élèves pour contrôler la compréhension :

De qui parle-t-on ? Où se passe l'histoire ?
Combien y a-t-il de personnages dans l'histoire ?
Quels sont ceux qui parlent ? Quel problème a Manon ?

- Faire lire le titre « Que choisir ? » le faire entourer en couleur, le faire expliquer et justifier.
- Faire une lecture magistrale expressive.
- Expliquer le rôle des guillemets et celui des tirets. Faire souligner (ou surligner) de 2 couleurs différentes les tirets (une couleur pour les paroles de Maman et une autre pour les paroles de Manon).
- Organiser une lecture « dialoguée » : désigner 2 enfants (Manon, Maman) et un narrateur (rappeler son rôle).

Séance 2 | Découverte de la notion

Objectifs	– Connaitre le nom des différents points (. / ? / !). – Comprendre leur rôle dans la lecture à haute voix.
Organisation	Travail collectif puis travail individuel.
Matériel	– Texte *Que choisir ?* à photocopier. 2. Texte – Une étiquette-phrase par binôme. 2. Mise en scène – Les émoticônes. 2. Émoticônes

Que veux-tu manger ? | Est-ce que tu veux un éclair au chocolat ?

Tu en es bien sûre cette fois ? | Vas-tu enfin te décider ?

Décide-toi, Manon ! | Tu commences à m'agacer !

Manon est devant la pâtisserie. | Elle n'arrive pas à se décider.

Oh, je veux la tarte aux fraises ! | Comme elle est appétissante !

On va acheter les quatre gâteaux !

Déroulement

Rappel de la séance précédente

Faire une lecture magistrale du texte en marquant bien l'intonation.

Mise en scène

• Distribuer une phrase par binôme et la faire lire.

• Demander aux élèves qui ont une phrase se terminant par un point de venir au tableau et de lire leur phrase. Les afficher sur un côté du tableau.

Manon est devant la pâtisserie. | Elle n'arrive pas à se décider.

• Faire rappeler le rôle du point : à l'écrit il montre la fin de la phrase ; à l'oral, notre voix baisse pour marquer la fin.

• Annoncer qu'il existe d'autres types de points et donner l'objectif de la séance : *Nous allons étudier d'autres points, nous devons comprendre à quoi ils servent et quand les utiliser.*

• Demander aux élèves quels sont ceux qui possèdent une phrase qui pose une question. Écrire le mot « question » au tableau. Faire venir successivement au tableau les élèves concernés et les placer face à la classe.

Demander à un ou plusieurs élèves de la classe de relire chaque phrase à voix haute. Le groupe-classe valide et apporte les corrections éventuelles en les justifiant.

Au fur et à mesure, afficher les phrases au tableau. On obtient :

Que veux-tu manger ? | Est-ce que tu veux un éclair au chocolat ?

Tu en es bien sûre cette fois ? | Vas-tu enfin te décider ?

• Laisser les élèves constater que ces phrases se terminent par un point particulier (?). Donner le terme « point d'interrogation » s'il n'est pas connu et l'écrire au tableau à côté du mot « question ».

Envoyer un ou plusieurs élèves entourer en couleur le point d'interrogation dans chacune des phrases.

Faire rappeler par un enfant que ces phrases servent à poser des questions.

• Faire sortir les ardoises individuelles et le matériel associé. Demander aux enfants de s'entrainer à tracer le signe « ? » et d'écrire son nom (point d'interrogation).

• Faire venir les élèves qui possèdent les étiquettes phrases restantes au tableau.

Décide-toi, Manon ! | Tu commences à m'agacer ! | Comme elle est appétissante !

Oh, je veux la tarte aux fraises ! | On va acheter les quatre gâteaux !

• Faire remarquer que toutes ces phrases terminent par le signe « ! ». Le faire entourer d'une couleur différente. Donner le terme « point d'exclamation » s'il n'est pas connu et l'écrire au tableau.

• Expliquer que ce signe permet d'exprimer une émotion (comme la colère, la surprise, la joie…). Afficher les émoticônes. Insister sur l'intonation orale spécifique.

• Demander aux élèves de chercher dans le texte une ou des phrase(s) qui exprime(nt) :

– de la colère, de l'énervement (*Tu commences à m'agacer ! / Décide-toi Manon !*)

– de la joie, de l'excitation (*On va acheter les quatre gâteaux ! / Comme elle est appétissante ! / Oh, je veux la tarte aux fraises !*)

Préciser que ces phrases sont écrites à la forme exclamative.

• Sur l'ardoise, demander aux enfants, de s'entrainer à tracer le signe **!** et d'écrire son nom (point d'exclamation).

• Pour conclure, faire relire les phrases affichées au tableau en insistant sur l'intonation.

– *Décide-toi Manon ! Tu commences à m'agacer !*  colère, énervement

– *Comme elle est appétissante ! Je veux cette tarte aux fraises !*

On va acheter les quatre gâteaux !   joie, envie, excitation

• Amorcer une synthèse sur les points de ponctuation déjà rencontrés :
Il existe plusieurs sortes de points qui terminent une phrase : le point « . » ; le point d'interrogation « ? » pour les phrases qui posent une question ; le point d'exclamation « ! » pour exprimer une émotion.

•	?	!
Manon est devant la pâtisserie. Elle n'arrive pas à se décider.	Que veux-tu manger ? Est-ce que tu veux un éclair au chocolat ? Tu en es bien sûre cette fois ?	Décide-toi Manon ! Tu commences à m'agacer ! Comme elle est appétissante ! Je veux cette tarte aux fraises ! On va acheter les quatre gâteaux !

Appropriation individuelle

• Faire relire le texte et faire entourer en couleur les différents points (. / ? / !). Utiliser trois couleurs différentes.

Séance 3 | Construction de la notion

Objectifs
- Connaitre les principaux points de ponctuation (point, point d'interrogation et point d'exclamation) et leur rôle dans une phrase.
- Montrer par l'intonation que l'on a compris le rôle des points.

Organisation Travail en binôme, puis collectif.

Matériel
- Étiquettes-phrases collectives. 2. Manipulations en binôme et collectives

Qui a mangé tous les bonbons | Papa a perdu son portemonnaie | Que c'est beau | Comment t'appelles-tu | Quel âge a ta sœur | Je suis extrêmement fâché | Taisez-vous

Déroulement

Manipulations et recherches

• Distribuer les étiquettes-phrases et les faire lire silencieusement.

• Pendant ce temps, afficher au tableau les étiquettes agrandies.

• Demander aux élèves de trouver le point qui convient le mieux et de l'écrire à la fin de chaque phrase.

Chaque binôme recherche pendant un temps donné.

• Procéder à une mise en commun, en envoyant chaque équipe tracer au tableau le point à la fin de la phrase choisie.

Les élèves lisent à haute voix la phrase proposée et argumentent leur choix.

La classe valide ou corrige en argumentant.

Faire remarquer que le sens d'une phrase peut changer suivant le point utilisé : « *Papa a perdu son portemonnaie.* » (information), « *Papa a perdu son portemonnaie !* » (indignation) ou « *Papa a perdu son portemonnaie ?* » (question).

Faire énumérer ce que peut exprimer le point d'exclamation (ordre, admiration...).

Synthèse, élaboration de la règle (mémo) et carte mentale

Les différents points

Il y a obligatoirement un point à la fin d'une phrase.
Il existe plusieurs sortes de points :
– Le point (.).
– Le point d'interrogation (?). Il termine une phrase qui pose une question.
– Le point d'exclamation (!). Il termine une phrase qui exprime une émotion (joie, colère, surprise...).

2. Mémo

Les signes de ponctuation

Ta sœur a dix ans.
le point

Quel âge a ta sœur ?
le point d'interrogation

Ta sœur a déjà six ans ! — *Taisez-vous !*
le point d'exclamation

2. Carte mentale

Séances 4 et 5 | Exercices de systématisation et court projet d'écriture

Objectifs
- Mémoriser les notions essentielles.
- Réinvestir ses connaissances dans des exercices d'application.

Organisation Travail individuel, correction individuelle ou collective.

Matériel
- Photocopies de la fiche élève n° 2 et son corrigé.
  2. Fiche élève et 2. Fiche élève corrigée
- Cahier d'essai.

Compétences abordées :

Ex. 1 : Savoir reconnaitre les différents points.
Ex. 2 et 3 : Savoir ponctuer une phrase.
Ex. 4 : Savoir associer une question et sa réponse.
Ex. 5 : Savoir identifier des phrases interrogatives.

2 Les signes de ponctuation

Prénom : ....

Je m'entraine

❶ Lis les phrases et souligne :
– en rouge, les phrases qui se terminent par un point d'interrogation ;
– en bleu, les phrases qui se terminent par un point d'exclamation.

Lave-toi les mains !	Comme tu as grandi !
Où est passé mon chat ?	Qui a ouvert la fenêtre ?
Le chauffeur conduit le car.	Qu'il fait chaud !
Mettez-vous en rang !	Le pompier éteint le feu.
Qu'il est beau ce sapin de Noël !	Combien font 6 + 12 ?

❷ Complète chaque phrase avec le point qui convient le mieux (. / ? / !).

Où vas-tu......	Mange tes épinards......
Quel âge a ton petit frère......	Quand partez-vous en vacances......
Je suis malade......	Arrête d'ennuyer ta sœur......
As-tu déjà fait du ski......	Pierre va au cinéma......

❸ Lis chaque phrase, recopie-la et ajoute en couleur le point qui convient le mieux (. / ? / !).

Sors d'ici immédiatement

Quelle heure est-il

Ma voisine joue dans sa chambre

2

❹ Relie d'un trait les questions et les réponses.

Pourquoi es-tu triste ? •	• Elle est rouge.
Où vas-tu ? •	• J'en ai deux.
De quelle couleur est la tomate ? •	• C'est l'éléphant.
Combien as-tu de frères ? •	• Je vais à l'école.
Quel animal barrit ? •	• Parce que j'ai perdu mon petit chat.

❺ Recopie seulement les phrases qui servent à poser des questions.

Pourquoi pleures-tu ?	Ne roule pas si vite !
Que tu es belle !	J'ai mal au genou.
Qu'est-ce que tu fais ?	Où allez-vous ?
Est-ce que tu manges à la cantine ce midi ?	

J'écris

❻ Écris une question qui correspond à chaque réponse. N'oublie pas le point d'interrogation.

Quel animal meugle et donne du lait ?

C'est la vache.

C'est le chien.

C'est l'éléphant.

C'est la poule.

Les groupes dans la phrase

Programmes 2016, ajustements 2018 – Connaissances et compétences associées :

– Identifier la phrase, en distinguer les principaux constituants et les hiérarchiser.

Séance 1 | Lecture et compréhension du texte

Objectifs
- Comprendre un texte.
- Lire à haute voix.
- Se familiariser avec la notion de groupes dans la phrase en lien avec la compréhension et la lecture orale.
- S'appuyer sur la ponctuation et sur des questions (*De quoi parle-t-on ? Qu'est-ce qu'on en dit ?*).

Organisation Travail collectif et individuel.

Matériel
- Photocopie individuelle du texte *Le sapin de Noël.* 3. Texte
- Facultatif : le même texte reproduit ou vidéoprojeté collectivement au tableau.

Déroulement

Le sapin de Noël

La famille décore la maison. Dans le jardin, Papa installe les guirlandes lumineuses. Léonie dessine des étoiles blanches sur les vitres. Pendant ce temps, Maman et Virgile décorent le sapin. Maman suspend les boules. Le petit garçon accroche les guirlandes.

– Encore une guirlande dorée, et c'est fini ! dit Virgile.

Toute la famille applaudit. Le sapin est magnifique !

Mais personne ne voit le chat… Il s'approche pour jouer avec les boules. Il donne un coup de patte dans l'arbre.

Papa et Maman grondent le chat ! Il se sauve, mais ses griffes s'accrochent dans une guirlande ! Le chat entraine avec lui les guirlandes et les boules. Les belles boules tombent !

Tout est à refaire !

- Faire lire silencieusement le texte.
- Questionner les élèves pour contrôler la compréhension :

De qui parle-t-on ? Combien y a-t-il de personnages dans le texte ? Que fait chacun d'eux ? Pour quelle raison ? Que se passe-t-il ?

- Faire une lecture magistrale expressive.
- Faire rappeler le titre et le faire justifier.
- Lire le texte à haute voix en ne respectant pas les groupes de mots et en marquant des pauses aux endroits indiqués :

« La / famille décore la / maison. »
« Dans le jardin Papa / installe les / guirlandes lumineuses. »
« Léonie / dessine des / étoiles blanches sur / les vitres. »
« Pendant ce temps, Maman / et Virgile décorent / le sapin. »
« Maman suspend les / boules. Le petit / garçon accroche les / guirlandes. »

Laisser les élèves réagir et attirer leur attention sur le fait que certains mots vont « ensemble », on dit qu'ils forment un groupe. Quand on lit, il ne faut pas séparer les mots d'un même groupe sinon on ne comprend pas bien.

- Faire une nouvelle lecture magistrale en respectant les groupes :

« La famille / décore la maison. »
« Dans le jardin / Papa installe les guirlandes lumineuses. »
« Léonie / dessine des étoiles blanches / sur les vitres. »
« Pendant ce temps, / Maman et Virgile / décorent le sapin. »
« Maman / suspend les boules. / Le petit garçon / accroche les guirlandes. »

- Demander aux élèves de relire le reste à voix haute, en changeant d'élève pour chaque phrase.

Séance 2 | Découverte de la notion

Objectifs
- Approcher de manière intuitive la notion de groupes fonctionnels dans la phrase.
- Discerner dans une phrase les grands groupes qui la constituent.
- Percevoir que certains groupes sont indispensables, d'autres non.

Organisation Travail collectif puis travail individuel.

Matériel
- Texte *Le sapin de Noël* à photocopier. 3. Texte
- Étiquettes-phrases à reproduire en grand format. 3. Mise en scène

| Léonie dessine des étoiles blanches sur les vitres. |

| Maman suspend les boules. |

| Le petit garçon accroche les guirlandes. |

- 1 bande de papier vierge par élève.
- Ciseaux.
- Pâte adhésive.

Déroulement

Rappel de la séance précédente

Faire une lecture magistrale du texte en marquant bien l'intonation.

Mise en scène

Première étape

• Faire venir au tableau deux élèves et leur demander de tenir, face à la classe, l'étiquette phrase | Le petit garçon accroche des guirlandes. |.
• Faire lire à haute voix cette phrase et poser des questions pour faire découvrir les groupes qui la constituent :
De qui parle-t-on ? | Le petit garçon |
Qu'est-ce qu'on en dit ? il | accroche des guirlandes. |
→ Il y a deux groupes dans cette phrase.
• Envoyer un élève pour découper les groupes.
• Procéder de la même manière pour les autres phrases en changeant d'élève.

Léonie dessine des étoiles blanches sur les vitres.

De qui parle-t-on ? Léonie

Que fait-elle ? elle dessine des étoiles blanches

Où ? sur les vitres.

→ Il y a trois groupes dans cette phrase.

Maman suspend les boules.

De qui parle-t-on ? Maman

Que fait-elle ? elle suspend les boules.

→ Il y a deux groupes dans cette phrase.

- Faire relire tous les groupes affichés au tableau.
- Conserver toutes les étiquettes pour la deuxième étape.

Deuxième étape

- Répartir les étiquettes des groupes entre les élèves. Les faire lire silencieusement.
- Demander aux enfants de lever le doigt s'ils possèdent un groupe qui indique « de qui on parle ». (*Léonie – Maman – le petit garçon*)
- Faire venir l'un des élèves au tableau, avec son étiquette.
- Puis demander aux enfants de lever le doigt s'ils possèdent un groupe qui indique « ce que fait la personne dont on parle » (*Qu'est-ce qu'on en dit ?*).
- Faire venir l'un des élèves au tableau, avec son étiquette.
- Faire lire à haute voix la nouvelle phrase formée.

Exemple : Maman | dessine des étoiles blanches

- Poursuivre de la même façon pour construire de nouvelles phrases.

Appropriation individuelle

- Écrire au tableau la phrase : « *Papa et Maman grondent le chat.* »
- La faire lire à haute voix par un élève.
- Distribuer une bande de papier à chaque enfant.
- Demander aux enfants de recopier la phrase sur leur bande de papier puis de découper les groupes : le groupe qui indique de qui on parle et le groupe qui indique ce qu'on en dit.
- Circuler dans les rangs pour aider les élèves en difficulté.
- Organiser une correction orale collective.
- On obtient 2 groupes : *Papa et Maman / grondent le chat.*

Séance 3 | Construction de la notion

Objectifs
- Approcher de manière intuitive la notion de groupes dans la phrase.
- Approcher de manière intuitive les différentes fonctions syntaxiques.
- Manipuler les groupes dans la phrase.

Organisation Travail de recherche en binôme puis travail collectif.

Matériel
- Un jeu d'étiquettes-phrases par binôme. 3. Manipulations en binôme

Dans le jardin, Papa installe les guirlandes lumineuses.

Mon frère accroche une étoile en haut du sapin

Ma grande sœur apporte les boules.

- Un même jeu d'étiquettes-phrases agrandies pour affichage collectif au tableau. 3. Manipulations collectives
- 6 bandes de papier vierge.
- Ciseaux.
- Bâton de colle.

Déroulement

Manipulations et recherches

Première étape

• Procéder à un rapide rappel de la séance précédente en faisant trouver oralement les deux groupes d'une phrase étudiée : « *Le petit garçon accroche des guirlandes.* »

• Afficher les phrases collectives au tableau et les faire lire à haute voix.

• Distribuer à chaque binôme les phrases photocopiées, faire découper chaque phrase.

• Demander aux élèves de relire les phrases silencieusement, de chercher les groupes et de les séparer d'un trait vertical au crayon à papier.

• Procéder à une correction collective en utilisant les phrases affichées au tableau. (Si besoin, guider les enfants par des questions : *De qui on parle ? Qu'est-ce qu'on en dit ? Où ?*)

• Faire découper les groupes et demander aux enfants de faire la même chose au fur et à mesure avec leurs étiquettes.

On obtient :

Mon frère	accroche une étoile	en haut du sapin.

[Dans le jardin,] [Papa] [installe les guirlandes lumineuses.]

[Ma grande sœur] [apporte les boules.]

• Faire relire à haute voix tous les groupes.

Deuxième étape

• Demander aux binômes de reconstituer sur leur table, avec leurs étiquettes, la phrase :

[Mon frère] [accroche une étoile] [en haut du sapin.]

Faire retirer au fur et à mesure les différents groupes de la phrase en faisant relire à chaque fois la nouvelle phrase. Laisser les enfants réagir et constater que les phrases ne sont pas correctes :

– Si on supprime [Mon frère], on ne sait pas de qui on parle.

– Si on supprime [accroche une étoile], on ne sait pas ce que fait mon frère.

Faire conclure que ces groupes ne peuvent pas être supprimés.

Par contre, faire constater que le groupe [en haut du sapin.] peut être supprimé : la phrase est moins précise mais elle reste correcte.

• Faire reconstituer la phrase

[Dans le jardin,] [Papa] [installe les guirlandes lumineuses.]

et, de la même manière, faire supprimer les groupes.

Faire conclure que les groupes [Papa] et [installe les guirlandes lumineuses.] sont indispensables, mais que le groupe [Dans le jardin,] peut être supprimé.

• Faire reconstituer la phrase : [Ma grande sœur] [apporte les boules.] et procéder aux mêmes manipulations. Faire conclure que les deux groupes sont indispensables.

– Demander aux enfants de remplacer le groupe [Ma grande sœur] par un autre groupe et faire écrire à chaque fois la nouvelle phrase sur une bande de papier vierge :

→ [Ma grande sœur] [apporte les boules.]

→ [Mon frère] [apporte les boules.]

→ [Papa] [apporte les boules.]

• Faire lire à haute voix les différentes phrases formées.

– À partir de la phrase [Ma grande sœur] [apporte les boules.], faire trouver de nouvelles phrases en faisant remplacer le groupe [apporte les boules.].

→ [Ma grande sœur] [apporte les boules.]

→ [Ma grande sœur] [installe les guirlandes lumineuses.]

→ [Ma grande sœur] [accroche une étoile]

• Faire lire à haute voix les différentes phrases formées.

Synthèse, élaboration de la règle (mémo) et carte mentale

Les groupes dans la phrase

Dans une phrase, il y a plusieurs groupes. Ce sont des mots qui vont ensemble.

[Mon frère] [accroche une étoile] [en haut du sapin.]

On peut supprimer certains groupes :

[Mon frère] [accroche une étoile].

On peut échanger des groupes :

[Mon frère] / [Papa] / [Ma grande sœur] → [accroche une étoile].

3. Mémo

Les groupes dans la phrase

- **Dans une phrase, il y a plusieurs groupes de mots.**
  Ce sont des mots qui « vont ensemble ».

  [Mon frère] [accroche une étoile] [en haut du sapin.]

- **On peut échanger certains groupes.**

  [Mon frère] / [Ma grande sœur] / [Papa] → [accroche une étoile] [en haut du sapin.]

- **On peut supprimer certains groupes.**

  [Mon frère] [accroche une étoile.]

3. Carte mentale

Séances 4 et 5 | Exercices de systématisation et court projet d'écriture

Objectifs	– Mémoriser les notions essentielles. – Réinvestir ses connaissances dans des exercices d'application.
Organisation	Travail individuel, correction individuelle ou collective.
Matériel	– Photocopies de la fiche élève n° 3 et son corrigé. 3. Fiche élève et 3. Fiche élève corrigée – Cahier d'essai.

Compétences abordées :

Ex. 1, 2 et 3 : Savoir remettre en ordre des groupes pour constituer des phrases.
Ex. 4 : Savoir supprimer, dans une phrase, les groupes qui ne sont pas indispensables.
Ex. 5 et 6 : Savoir identifier les différents groupes dans une phrase.

3 Les groupes dans la phrase

Prénom : ....

Je m'entraine

❶ **Remets les groupes dans l'ordre pour écrire les phrases. N'oublie pas les points et les majuscules !**

mon père | le dimanche matin, | achète des croissants

chaque jour, | fabrique des tartelettes | le pâtissier

Léonie | pour son gouter | mange un gros macaron

❷ **Écris trois phrases en te servant des groupes. N'oublie pas les points et les majuscules !**

Noé | Maman | le petit garçon | ma petite sœur

invite ses amis | accroche des ballons | souffle ses huit bougies

pour son anniversaire | dans la maison | sur la porte

❸ **Complète les phrases avec les groupes suivants.**

à la récréation | tous les jours | joue aux billes | les enfants

Chaque matin, ... écrivent la date.

..............................., Matteo déjeune à la cantine.

..............................., Nina ....

3

❹ **Recopie chaque groupe dans les cadres, puis barre en rouge ceux que l'on peut supprimer.**

Pour le gouter, Mamie fait des crêpes.

[..............] [..............] [..............].

Elle casse les œufs dans un saladier.

[..............] [..............] [..............].

Fantine ajoute la farine.

[..............] [..............].

❺ **Encadre les groupes au crayon.**

Son frère verse le lait délicatement.

À tour de rôle, les enfants mélangent la pâte.

❻ **En déplaçant un groupe, récris les phrases de l'exercice 5. Attention aux majuscules !**

Son frère verse le lait délicatement.

À tour de rôle, les enfants mélangent la pâte.

J'écris

❼ **Utilise les groupes de mots pour écrire sur ton cahier deux ou trois phrases qui racontent ce que tu aimes faire quand tu ne vas pas à l'école.**

le dimanche | pendant les vacances | le soir | après l'école

fais mes devoirs | regarde des dessins animés | construis des maquettes

fais du sport | fais de la musique | joue aux jeux vidéo | fais du vélo | joue avec mes amis

lis des bandes dessinées | regarde la télévision | fais de la peinture | fais du bricolage

Le verbe

Programmes 2016, ajustements 2018 – Connaissances et compétences associées :
- Reconnaitre les principaux constituants de la phrase :
  - le sujet
  - le verbe (connaissance des propriétés permettant de l'identifier)
- Trouver l'infinitif d'un verbe conjugué.

Séance 1 | Lecture et compréhension du texte

Objectifs
- Comprendre un texte.
- Lire à haute voix.
- Repérer les différentes phrases dans un texte.
- Se familiariser avec les mots qui indiquent une action.

Organisation Travail collectif et individuel.

Matériel
- Photocopie individuelle du texte *Tous aux fourneaux.* 4. Texte
- Facultatif : le même texte reproduit ou vidéoprojeté collectivement au tableau.

Déroulement

Tous aux fourneaux

Papa épluche les pommes. Pendant ce temps, Eliott coupe les poires.
Puis Papa casse les œufs dans le saladier. Agathe mélange
avec une grande cuillère. Papa dispose les fruits dans un moule.
Eliott verse la pâte dessus. Enfin, Papa enfourne le moule.
Dans une heure, tout le monde mangera le bon gâteau !

• Faire lire silencieusement le texte.
• Questionner les élèves pour contrôler la compréhension :
De qui parle-t-on ? Combien y a-t-il de personnages dans l'histoire ?
Où se passe l'histoire ? Que font-ils ? Quelle est la tâche de chacun ?
• Faire relire, expliquer et justifier le titre « *Tous aux fourneaux* ».
• Faire une lecture magistrale expressive (en appuyant légèrement sur le verbe).
• Organiser une lecture « poursuite » : désigner autant d'élèves que de phrases et fixer l'ordre de passage de chacun. À tour de rôle – sans le signal de l'enseignant –, chaque enfant doit lire à haute voix une seule phrase du texte. Le premier élève lit la première phrase, le deuxième élève lit la deuxième phrase, puis le troisième lit la phrase suivante, etc.

Séance 2 | Découverte de la notion

Objectifs
– Comprendre que le verbe est un mot qui exprime le plus souvent une action.
– Distinguer verbe à l'infinitif et verbe conjugué.

Organisation
Travail collectif et individuel.

Matériel
– Texte *Tous aux fourneaux* à photocopier. 4. Texte
– Texte reproduit ou vidéoprojeté au tableau.
– Collier-figurine du verbe (voir exemple p. 14).
– Figure collective du verbe.
– Un jeu d'étiquettes-verbes, dans une boite. 4. Mise en scène

marcher | bousculer | caresser | coiffer | accrocher | manger
sauter | applaudir | taper | danser | embrasser | éplucher | lire
avancer | reculer | arroser | sentir | effacer | écrire | peindre
boire | lancer | couper | dormir | rire

Déroulement

Rappel de la séance précédente

Faire une lecture magistrale du texte en marquant bien l'intonation.

Mise en scène

Première étape

• Faire venir trois enfants au tableau, chacun d'eux jouera un rôle (Papa, Eliott, Agathe).

• Faire relire à haute voix par un élève la première phrase : « *Papa épluche les pommes.* »

Demander à l'enfant qui joue le rôle de Papa de mimer l'action.

• Demander aux enfants de trouver le mot que l'on ne peut pas supprimer et qui explique ce que fait Papa (« épluche ») puis de souligner ce mot dans leur texte.

Demander à un élève de venir au tableau souligner en rouge le mot.

• Faire relire à haute voix par un élève la deuxième phrase : « *Pendant ce temps, Eliott coupe les poires.* »

Utiliser la même démarche pour cette phrase puis pour toutes les phrases du texte.

• Faire relire tous les mots soulignés : « *épluche, coupe, casse, mélange, dispose, verse, enfourne, mangera* ».

Dire que ces mots s'appellent des verbes ; ils indiquent ce que l'on fait (des actions).

• Écrire au tableau « des verbes » et afficher la figurine qui illustre les verbes.

Deuxième étape

• Envoyer un élève au tableau tirer au sort une étiquette dans la boite, la faire lire en silence puis récupérer l'étiquette.

Demander à l'élève de mimer le verbe. Les autres lèvent le doigt pour proposer un verbe.

• Faire formuler la réponse de deux façons (deux formes du verbe : conjugué et à l'infinitif). Pour obtenir la forme conjuguée, poser une question du type : « *Que fait votre camarade ?* ». Pour obtenir le verbe à l'infinitif, poser une question du type : « *Qu'est-ce que votre camarade est en train de faire ?* » et faire répondre par « *Votre camarade est en train de...* ». Conclure en disant : « *C'est le verbe* ***marcher****.* »

À chaque fois, écrire au tableau le verbe sous sa forme conjuguée dans une phrase (en utilisant le prénom de l'enfant qui mime) et le verbe à l'infinitif. Exemple : « *Manon marche.* → *marcher* ».

Souligner en rouge « *marche* », écrire un V majuscule rouge au-dessus du mot. Expliquer ce que signifie le V.

• Adopter la même démarche en envoyant trois ou quatre autres élèves pour mimer d'autres verbes. On peut demander au reste de la classe d'écrire la réponse sur l'ardoise.

• Faire lire tous les verbes conjugués, introduire l'expression « verbes conjugués » et l'écrire au tableau.

• Procéder de même pour « verbes à l'infinitif ».

Séance 3 | Construction de la notion

Objectifs
- Reconnaitre un verbe.
- Identifier la forme conjuguée et l'associer à l'infinitif d'un verbe.
- Comprendre que dans le dictionnaire les verbes sont écrits à l'infinitif.

Organisation Travail de recherche en binôme et travail collectif.

Matériel
- Quelques verbes intrus à l'infinitif à choisir parmi les étiquettes de la séance précédente.
- Un dictionnaire par binôme.
- Une figurine collective V.
- Un jeu d'étiquettes-phrases et de verbes à l'infinitif par binôme. 4. Manipulations en binôme
- Un même jeu d'étiquettes agrandies. 4. Manipulations collectives

Nous mangeons à la cantine. | Les enfants dorment sous une tente.

Mon frère mange du chocolat. | Ce soir, tu dormiras chez ta mamie.

Vous éplucherez des pommes de terre. | Elles épluchent des carottes.

Le cuisinier épluche des légumes.

manger x 2 | dormir x 2 | éplucher x 3

Déroulement

Manipulations et recherches

Première étape

- Procéder à un rappel de la séance précédente.
- Écrire au tableau la phrase : « *Papa épluche les pommes.* »
- Faire lire la phrase, faire rechercher les groupes et faire encadrer en bleu le groupe qui répond à la question « *De qui parle-t-on ?* » et en rouge le groupe qui répond à la question « *Qu'est-ce qu'on en dit ?* ».
- Demander quel mot dans le groupe rouge indique ce que fait Papa et faire préciser comment s'appelle ce mot.

Écrire au tableau « *un verbe* » en repassant le V en rouge. Préciser que le verbe est le mot le plus important du groupe rouge. Afficher la figurine V au-dessus.

• Distribuer et faire découper les étiquettes par chaque binôme. Pendant ce temps, afficher les étiquettes agrandies au tableau.

• Faire lire les phrases et les verbes à l'infinitif silencieusement.

Demander aux élèves de souligner en rouge, dans chaque phrase, le verbe et d'écrire un V majuscule en rouge en dessous.

Après un temps de recherche, faire valider collectivement en utilisant les étiquettes du tableau.

• Demander alors aux enfants de trouver dans leurs étiquettes le verbe à l'infinitif qui correspond au verbe souligné dans la phrase et de placer l'étiquette sous le verbe souligné.

Après un temps de recherche, procéder à une validation collective au tableau.

• Faire relire pour chaque verbe à l'infinitif les différentes formes conjuguées. Par exemple : manger → *mange, mangeons*. Préciser de nouveau « verbes conjugués », « verbes à l'infinitif ».

Préciser qu'il s'agit toujours du même verbe, mais qu'il se transforme. Expliquer que l'infinitif est comme « *le nom de famille* » du verbe, qu'il sert à nommer le verbe.

Deuxième étape

• Faire rechercher dans le dictionnaire les mots « *manger, mangeons, mange, dormiras, dorment, dormir, éplucherez, éplucher, épluches, épluchent* ». Répartir le travail de recherche entre les élèves de la classe.

Laisser un temps suffisant et faire réagir les enfants sur le fait que certaines formes du verbe ne sont pas écrites dans le dictionnaire.

• Amener à la conclusion que, dans le dictionnaire, les verbes sont écrits à l'infinitif.

Synthèse, élaboration de la règle (mémo) et carte mentale

Le verbe

Un verbe est un mot qui, le plus souvent, indique ce que l'on fait (une action).

Exemple : *Les enfants* ***mangent****. Le bébé* ***dort****. Papa* ***épluche*** *des pommes.*

Quand le verbe n'est pas dans une phrase, il est à l'infinitif : *couper, manger, casser, éplucher, dormir.*

C'est aussi la forme que l'on utilise pour le nommer (par exemple dans le dictionnaire).

4. Mémo

Le verbe

- **Le verbe dans une phrase :**
il est souvent **conjugué**.

Pierre mange une pomme.

- **Le verbe dans le dictionnaire :**
il est toujours **à l'infinitif**.

manger : avaler un aliment.

4. Carte mentale

Séances 4 et 5 | Exercices de systématisation et court projet d'écriture

Objectifs
- Mémoriser les notions essentielles.
- Réinvestir ses connaissances dans des exercices d'application.

Organisation
Travail individuel, correction individuelle ou collective.

Matériel
- Photocopies de la fiche élève n° 4 et son corrigé.
4. Fiche élève et 4. Fiche élève corrigée
- Cahier d'essai.

Compétences abordées :

Ex. 1, 4 et 5 : Savoir écrire un verbe à l'infinitif pour définir une action.
Ex. 2 : Savoir identifier un verbe conjugué dans une phrase.
Ex. 3 : Reconnaitre et utiliser la forme conjuguée ou l'infinitif d'un verbe.
Ex. 6 : Trouver l'infinitif d'un verbe à partir d'un nom de la même famille.

4 Le verbe

Prénom : ....

Je m'entraine

❶ **Dans chaque cadre, écris le verbe à l'infinitif qui décrit l'action faite par le garçon.**

❷ **Souligne en rouge le verbe dans chaque phrase.**

Pierre dessine un cheval.

Le gros chien aboie.

Le bébé pleure.

Le mécanicien répare une voiture.

Ma sœur nage bien.

❸ **Dans chaque phrase, barre la forme du verbe qui ne convient pas.**

Le cuisinier éplucher / épluche des oignons.
Demain, vous partir / partirez en Italie.
Nous montons / monter à cheval tous les dimanches.
Hier, mon petit cousin Léo courait / courir dans le jardin.
Le jardinier planter / plantera des bulbes de tulipes.

4

❹ **Écris un verbe qui signifie la même chose que :**

parler
B _ _ _ _ _ _ _

crayonner
D _ _ _ _ _ _ _

finir
T _ _ _ _ _ _ _

saisir
A _ _ _ _ _ _ _

taper
B _ _ _ _ _

❺ **Écris le verbe qui correspond à chaque définition.**

Dire « merci » à quelqu'un, c'est ....

Devenir tout rouge, c'est ....

Se baisser pour prendre quelque chose par terre, c'est ....

Rendre plus court quelque chose, c'est le ....

Mettre dans la terre, c'est ....

Mettre des objets en ligne, c'est les ....

❻ **Écris le verbe à l'infinitif qui indique l'action que fait :**

– le chanteur : .... – la nageuse : ....

– la vendeuse : .... – le surveillant : ....

– le campeur : .... – le gagnant : ....

J'écris

❼ **Sur ton cahier, récris ce texte en mettant les verbes à l'infinitif.**

Recette pour bien écrire et parler
Tu ouvres le dictionnaire de la langue française.
Tu cherches à la lettre G.
Tu poses le doigt sur le mot « grammaire ».
Tu l'épelles une fois à l'endroit et une fois à l'envers.
Puis tu fermes les yeux...

5

Les temps : passé, présent, futur

Programmes 2016, ajustements 2018 – Connaissances et compétences associées :
– Distinguer temps simples et temps composés.
– Mémoriser le présent, l'imparfait, le futur, le passé composé pour les verbes du 1er groupe.
– Trouver l'infinitif d'un verbe conjugué.

Séance 1 | Lecture et compréhension du texte

Objectifs	– Comprendre un texte. – Lire à haute voix. – Pratiquer une lecture dialoguée. – Se familiariser avec les différents temps d'une phrase.
Organisation	Travail collectif et individuel.
Matériel	– Photocopie individuelle du texte *Photos souvenirs.* 5. Texte – Facultatif : le même texte reproduit ou vidéoprojeté collectivement au tableau. – 3 crayons de couleur ou surligneurs (rouge, vert, jaune).

Déroulement

Photos souvenirs

Aujourd'hui, Maman et Antoine feuillettent l'album de photos de famille.
« Ici, c'est toi quand tu avais un an. Tu commençais à marcher, mais tu tombais très souvent, explique Maman.
– Et là, c'est qui ? demande Antoine en montrant une vieille photo un peu jaunie.
– C'est ton grand-père. Quand il était jeune, autrefois, il adorait faire des courses de vélo. Il a gagné plusieurs courses !
– Maintenant, il est vieux, il a les cheveux blancs, il est sourd et il ne peut plus marcher. Pauvre Papi… dit Antoine.
Maman soupire et répond :
– Oui, le temps passe si vite…
Puis elle ajoute :
– Et toi, plus tard, quand tu seras adulte, qu'est-ce que tu feras ?
– Moi, je serai président de la République et je ferai une loi pour interdire aux gens de vieillir !… » répond fièrement Antoine.

- Faire lire silencieusement le texte.
- Questionner les élèves pour contrôler la compréhension :

De qui parle-t-on ? Combien y a-t-il de personnages dans l'histoire ?
Quels sont ceux qui parlent ? Que font-ils ?

- Faire chercher la phrase qui indique ce que Maman et Antoine font au moment où ils parlent. La faire souligner (ou surligner) en rouge.
- Faire relire, expliquer et justifier le titre « *Photos souvenirs* ».
- Rapprocher le mot « souvenirs » de choses dont on se souvient : des instants de la vie qui sont passés, terminés, qui ne reviendront plus.
- Faire chercher la phrase qui indique ce que faisait le grand-père quand il était jeune. La faire souligner (ou surligner) en vert.
- Faire chercher la phrase qui indique ce qu'Antoine fera plus tard quand il sera adulte. La faire souligner (ou surligner) en jaune.
- Faire une lecture magistrale expressive.
- Faire rappeler le rôle des guillemets et celui des tirets.
- Organiser une lecture « dialoguée » : désigner 2 enfants (Antoine, Maman) et un narrateur (rappeler son rôle).

Séance 2 | Découverte de la notion

Objectifs
- Repérer à quel temps une phrase est écrite.
- Connaitre les termes *passé, présent, futur.*
- Reconnaitre les mots « indicateurs de temps »

Organisation Travail en binôme puis collectif.

Matériel
- Texte *Photos souvenirs* photocopié pour chaque élève. 5. Texte
- Étiquettes-phrases collectives et une étiquette portant les indicateurs de temps par binôme. 5. Mise en scène

Phrases :

Tu avais un an. | Tu commençais à marcher. | Tu tombais très souvent. | Autrefois, il adorait faire des courses de vélo. | Maintenant, il est vieux. | Il a les cheveux blancs. | Il ne peut plus marcher. | Je serai président. | Plus tard, quand tu seras adulte. | Je ferai une loi. | Maman soupire. | Il a gagné plusieurs courses !

Indicateurs de temps :

aujourd'hui | en ce moment | de nos jours | il y a longtemps | l'été dernier | il y a dix ans | demain | le mois prochain | dans une semaine | aux prochaines vacances

Déroulement

Rappel de la séance précédente

Faire une lecture magistrale du texte en marquant bien l'intonation.

Mise en scène

Première étape

- Distribuer et faire lire chaque étiquette-phrase.
- Demander aux élèves de venir au tableau s'ils possèdent une phrase qui raconte quelque chose qui est déjà passé : « *Tu avais un an.* » ; « *Tu commençais à marcher.* » ;

« *Tu tombais très souvent.* » ; « *Il a gagné plusieurs courses !* » ; « *Autrefois, il adorait faire des courses de vélo.* ».

Les enfants viennent se placer face à la classe en tenant la phrase devant eux.

Laisser les autres réagir, corriger et argumenter.

• Faire relire toutes ces phrases.

Conclure en disant que ces phrases sont écrites au passé.

Écrire au tableau le mot « passé ».

Demander aux élèves d'afficher au tableau leurs phrases les unes sous les autres sous le mot « passé ».

• Faire venir au tableau les élèves qui possèdent une phrase qui raconte quelque chose qui n'est pas encore arrivé : « *Plus tard, quand tu seras adulte.* » ; « *Je serai président.* » ; « *Je ferai une loi.* ».

Procéder de la même manière que précédemment.

Conclure en disant que ces phrases sont écrites au « futur ». Écrire au tableau le mot « futur ».

Faire afficher les phrases en dessous.

• Enfin, faire venir au tableau les enfants qui possèdent le reste des phrases : « *Maintenant, il est vieux* » ; « *Il a les cheveux blancs.* » ; « *Il ne peut plus marcher.* » ; « *Maman soupire.* ».

Faire relire les quatre phrases.

Faire constater que ces phrases ne sont ni au passé, ni au futur.

Demander aux élèves à quel moment cela se passe, ce que la phrase raconte.

• Conclure en disant que cela se passe « en ce moment », on dit que c'est le « présent ». Écrire au tableau le mot « présent ».

Faire afficher les phrases en dessous et renvoyer les enfants à leur place.

• Faire relire à haute voix la phrase : « *Maintenant, il a les cheveux blancs.* »

Rappeler que la phrase est au présent.

Demander quel mot dans la phrase nous aide à savoir quand se passe l'histoire.

• Demander à un élève de venir découper le mot « maintenant » et de se placer face à la classe en tenant l'étiquette.

• Adopter la même démarche pour faire découper le mot « autrefois » dans la phrase « *Autrefois, il adorait faire des courses.* » (passé), puis les mots « plus tard » dans la phrase « *Plus tard, quand tu seras adulte.* » (futur).

Faire placer les trois élèves avec leurs étiquettes de gauche à droite dans l'ordre chronologique.

Tracer au tableau un axe, écrire « passé, présent, futur » et tracer trois colonnes.

Demander aux élèves d'afficher leurs étiquettes « autrefois, maintenant, plus tard » dans la colonne correspondante.

Deuxième étape

• Distribuer les étiquettes portant les indicateurs de temps, une par binôme, et les faire lire.

• Demander à chaque binôme de venir afficher son étiquette au tableau dans la colonne « passé, présent, futur ».

Faire lire à haute voix et faire justifier.

• Faire relire tous les indicateurs du présent (« aujourd'hui », « en ce moment », « de nos jours »), du passé (« il y a longtemps », « l'été dernier », « il y a dix ans »), du futur (« demain », « le mois prochain », « dans une semaine », « aux prochaines vacances »).

Séance 3 | Construction de la notion

Objectifs
- Repérer si une phrase est écrite au présent, au passé, au futur.
- Reconnaitre les mots « indicateurs de temps ».
- Ordonner chronologiquement des indicateurs de temps.

Organisation Travail de recherche en binôme et collectif.

Matériel
- Une bande de papier par binôme (format A3, coupée en deux dans le sens de la longueur).
- Un jeu d'étiquettes par binôme. 5. Manipulations en binôme
- Un même jeu agrandi pour affichage collectif. 5. Manipulations collectives

hier | avant-hier | la semaine dernière | l'hiver dernier | il y a dix ans | autrefois | jadis | aujourd'hui | actuellement | en ce moment | de nos jours | à l'heure actuelle | demain | dans quinze jours | dans un mois | l'année prochaine | dans dix ans

Déroulement

Manipulations et recherches

• Procéder à un rapide rappel de la séance précédente.

• Tracer trois colonnes au tableau et écrire en haut de chaque colonne les mots « passé, présent, futur ».

• Faire rappeler oralement des mots indicateurs du présent dont les élèves se souviennent, écrire « aujourd'hui » dans la colonne du présent.

Donner en exemple la phrase : « *Aujourd'hui, je mange à la cantine.* »

• Faire rappeler oralement des mots indicateurs du passé dont les élèves se souviennent, écrire « hier » dans la colonne du passé.

Demander aux enfants de transformer au passé la phrase « *Aujourd'hui, je mange à la cantine.* »

• Adopter la même démarche pour la mettre au futur.

• Distribuer un jeu d'étiquettes et une bande de papier pour chaque binôme.

Faire découper les étiquettes et les faire lire.

Demander aux élèves de chercher dans leurs étiquettes les mots qui indiquent le présent.

Les faire coller au milieu de la bande les uns au-dessous des autres.

• Faire classer de gauche à droite le reste des mots dans l'ordre chronologique du plus ancien au plus récent, en collant à gauche de la feuille l'indicateur de temps le plus ancien. Aider les enfants pour le mot « jadis ».

Laisser les enfants rechercher, circuler dans les groupes.

• Faire une validation collective en demandant aux élèves de venir afficher au tableau les étiquettes dans l'ordre.

À la fin de la séance, on obtient :

jadis	autrefois	il y a dix ans	l'hiver dernier	la semaine dernière	avant-hier	hier	aujourd'hui en ce moment actuellement de nos jours à l'heure actuelle	demain	dans quinze jours	dans un mois	l'année prochaine	dans dix ans

• Faire entourer en rouge les indicateurs du présent, en bleu ceux du passé et en vert ceux du futur.

• Faire constater que, dans le présent, on ne peut pas ordonner, d'où la disposition en colonne.

Synthèse, élaboration de la règle (mémo) et carte mentale

Passé, présent, futur

Le verbe se conjugue ; il change suivant le temps.

Une phrase peut s'écrire :

- au passé : « *Hier, j'ai mangé à la cantine.* », « *L'année dernière, je mangeais à la cantine.* » ;
- au présent : « *Aujourd'hui, je mange à la cantine.* » ;
- au futur : « *Demain, je mangerai à la cantine.* ».

5. Mémo

Les temps

Passé	Présent	Futur
Hier, j'ai mangé à la cantine. *L'année dernière, je mangeais à la cantine.*	*Aujourd'hui, je mange à la cantine.*	*Demain, je mangerai à la cantine.*
→ Le verbe est conjugué au **passé**.	→ Le verbe est conjugué au **présent**.	→ Le verbe est conjugué au **futur**.

5. Carte mentale

Synthèse animée : pour compléter la synthèse, il est possible de présenter à la classe le petit film d'animation « Identifier un verbe », réalisé par Canopé (les fondamentaux) et disponible dans les ressources numériques.

© Canopé

5. Animation : Identifier un verbe

Séances 4 et 5 | Exercices de systématisation et court projet d'écriture

Objectifs
- Mémoriser les notions essentielles.
- Réinvestir ses connaissances dans des exercices d'application.

Organisation
Travail individuel, correction individuelle ou collective.

Matériel
- Photocopies de la fiche élève n° 5 et son corrigé.
  5. Fiche élève et 5. Fiche élève corrigée
- Cahier d'essai.

Compétences abordées :

Ex. 1 : Savoir identifier le temps d'une phrase.

Ex. 2 et 3 : Savoir choisir la forme verbale correspondant à chaque marqueur de temps.

Ex. 4 et 5 : Connaitre et utiliser des marqueurs de temps caractéristiques des trois temps.

5 Les temps : passé, présent, futur

Prénom : ....

Je m'entraine

❶ Écris après chaque phrase *présent*, *passé* ou *futur*.

Aujourd'hui, ma sœur va à la piscine. (.....................)

Demain, elle ira au cinéma. (.......................)

Hier, il a plu toute la journée. (........................)

En ce moment, le soleil brille. (.........................)

L'été prochain, nous partirons en Espagne. (.....................)

L'été dernier, nous étions en Italie. (.........................)

❷ Relie par des traits pour former toutes les phrases possibles.

Dans quelques instants, •	• je garde le chien de mon voisin.
Actuellement, •	• le train entrera en gare.
L'année prochaine, •	• je me suis cassé le bras.
Il y a trois mois, •	• tu seras en CE2.
En ce moment, •	• j'écoute de la musique.
Avant-hier, •	• j'ai acheté un livre.

❸ Choisis le verbe qui convient et recopie la phrase.

Hier, Félix a vu / voit / verra une araignée.

Dans deux mois, je pars / suis parti / partirai en vacances.

Actuellement, mon frère sera / était / est en CM2.

5

❹ Complète avec : *hier, après-demain, l'hiver dernier, plus tard, dans un an, aujourd'hui.*

.... j'irai dormir chez ma grand-mère.

.... c'était ton anniversaire.

.... la neige tombe.

.... nous changerons de classe.

.... nous avons fait du ski.

.... mon frère ira en Amérique.

❺ Numérote les indicateurs de temps en commençant par le plus ancien.

dans une heure ◯	il y a deux mois ◯
il y a une heure ◯	la semaine prochaine ◯
à ce jour ◯	autrefois ◯
dans deux mois ◯	la semaine dernière ◯

J'écris

❻ Écris une phrase pour raconter ce qui s'est passé avant cette image et une autre pour raconter ce qui se passera après.

La forme négative

Programmes 2016, ajustements 2018 – Connaissances et compétences associées :

– Reconnaitre les formes négative et exclamative et savoir effectuer des transformations.

– Reconnaitre les principaux constituants de la phrase : le verbe (connaissance des propriétés permettant de l'identifier).

Séance 1 | Lecture et compréhension du texte

Objectifs
- Comprendre un texte.
- Lire à haute voix.
- Pratiquer une lecture dialoguée.
- Se familiariser avec la notion de forme négative.

Organisation Travail collectif et individuel.

Matériel
- Photocopie individuelle du texte *Léa la chipie.* 6. Texte
- Facultatif : le même texte reproduit ou vidéoprojeté collectivement au tableau.
- Crayons de couleur ou surligneurs (rouge et bleu).

Déroulement

Léa la chipie

Léa, la chipie, ennuie son grand frère Pierre qui dessine calmement.
« Laisse-moi, Léa, je veux être seul, dit Pierre.
Mais Léa reprend en l'imitant :
– Ne me laisse pas, Léa, je ne veux pas être seul !
– Mais si, je veux dessiner tranquillement.
– Mais non, je ne veux pas dessiner tranquillement, rétorque Léa, espiègle.
– Arrête de dire le contraire de ce que je dis, crie Pierre.
– N'arrête pas de dire le contraire de ce que je dis, reprend la fillette en riant.
– Tu m'agaces ! hurle Pierre.
– Tu ne m'agaces pas ! rétorque alors Léa.
Pierre en a vraiment assez, il se demande comment faire pour se séparer de cette chipie…
Il réfléchit et déclare :
– Ma petite sœur est intelligente !
Et Léa aussitôt reprend sans réfléchir :
– Ma petite sœur n'est pas intelligente ! »
Enfin ! Cette fois, elle s'est fait piéger…
Le frère et la sœur éclatent de rire.

- Faire lire silencieusement le texte.
- Questionner les élèves pour contrôler la compréhension :

De qui parle-t-on ? Qui sont Léa et Pierre ? Où se passe l'histoire ?
À quel jeu s'amuse Léa ? Que pensez-vous de Léa et de Pierre ?

- Faire relire, expliquer et justifier le titre « *Léa la chipie* ».
- Faire repérer et entourer en couleur les points d'exclamation et faire rappeler leur rôle.
- Faire rappeler le rôle des guillemets et celui des tirets.
- Faire repasser (ou surligner) en rouge les tirets signalant que Léa parle et en bleu les tirets signalant que Pierre parle.
- Organiser un jeu « dialogué » : lire à haute voix la réplique de Pierre et demander aux élèves de donner la réplique de Léa en insistant sur le « ne » « pas ».

– « *Laisse-moi, Léa, je veux être seul !* »
– « ***Ne** me laisse **pas**, Léa, je **ne** veux **pas** être seul !* »

Séance 2 | Découverte de la notion

Objectifs
- Oralement, mettre une phrase à la forme négative.
- Comprendre qu'à la forme négative, le verbe est encadré par « ne » et « pas » ou « n' » et « pas ».
  Remarque : Cette technique est insuffisante lorsque le verbe est conjugué à un temps composé, il faut alors la doubler d'un changement de temps. Cependant, elle reste tout à fait utilisable en CE1 puisque les phrases proposées sont au présent.

Organisation Travail collectif et individuel.

Matériel
- Texte *Léa la chipie* à photocopier. 6. Texte
- Collier-figurine verbe.
- Un jeu d'étiquettes-phrases et grandes étiquettes-mots. 6. Mise en scène

1. [Je veux dessiner.] [Ma sœur est intelligente.] [Je suis sage.]

2. [Le] [téléphone] [sonne] [Je] [ramasse] [ma] [chaussette] [Il] [fait] [toujours] [beau] [ne] [pas] [jamais]

Déroulement

Rappel de la séance précédente

Faire une lecture magistrale du texte en marquant bien l'intonation.

Mise en scène

Première étape

• Faire venir un garçon et une fille au tableau pour jouer la scène.
Distribuer au garçon une étiquette-phrase. Il la lit : « *Je veux dessiner.* » La fille doit trouver son contraire.
Faire valider par le groupe classe.

• Adopter la même démarche pour les autres phrases.
Inviter plusieurs élèves à participer.

Deuxième étape

• Distribuer et faire lire une étiquette-mot à chaque enfant.

• Énoncer la phrase : « *Le téléphone sonne.* »

Demander aux enfants qui possèdent les bonnes étiquettes de venir se placer debout face à la classe pour former la phrase.

• Demander au groupe classe de trouver à l'oral la phrase qui dit le contraire.

Les élèves portant les mots « ne » et « pas » viennent se placer au bon endroit dans la phrase.

Faire valider par le groupe classe.

• Demander aux élèves de chercher le verbe puis de trouver quels petits mots encadrent le verbe (« ne » ; « pas »).

Demander aux enfants qui tiennent les mots « ne » et « pas » de lever la main pour bien mettre en évidence l'encadrement du verbe.

• Faire conclure : le mot « sonne » est le verbe de la phrase, ici il est encadré par « ne » et « pas ».

Donner un collier-figurine à l'élève portant le verbe et lui demander de trouver l'infinitif du verbe (sonner).

Afficher les étiquettes de la phrase au tableau.

Faire souligner le verbe en rouge et coller la figurine V au-dessus.

Faire entourer les petits mots « ne », « pas ».

• Utiliser la même démarche pour les phrases suivantes : « *Je ramasse ma chaussette.* » ; « *Il fait toujours beau.* »

• Préciser que lorsque le verbe de la phrase est encadré par les mots « ne » et « pas » ou « n' » et « pas », et plus rarement par d'autres mots comme « ne » et « jamais », on dit que la phrase est à la forme négative.

• Expliquer qu'à l'oral, on oublie souvent une des deux négations – par exemple : « *Je mange pas à la cantine.* » –, mais qu'en réalité nous devrions dire : « *Je ne mange pas à la cantine.* »

Séance 3 | Construction de la notion

Objectifs
- Comprendre qu'à l'écrit la négation est obligatoirement composé de deux mots.
- Repérer des phrases correctement écrites à la forme négative.
- Changer la forme d'une phrase en l'écrivant à la forme négative.

Organisation Travail de recherche collectif puis en binôme puis travail collectif.

Matériel
- Un jeu d'étiquettes-phrases collectives et grandes étiquettes des mots de négation en plusieurs exemplaires.

| ne | | pas | | n' | | Je mange à la cantine. | | Cet été, vous irez à la mer. |

| Marine chante souvent. |

6. Manipulations collectives

- Un jeu d'étiquettes-phrases par binôme et le même jeu agrandi pour affichage au tableau. 6. Manipulations en binôme

| Mon père répare sa voiture. | | Je ne mange pas de viande. |

| On va pas à la piscine. | | Demain midi, nous irons au restaurant. |

| Léa n'est pas gentille avec son frère. | | Il ne skie jamais. |

| La neige recouvre les arbres. | | Mon copain ne danse pas bien ! |

| Je dors pas chez ma mamie ce soir |

Déroulement

Manipulations et recherches

Première étape

• Procéder à un rappel (collectif) : comment faire pour mettre une phrase à la forme négative ? Quels sont les mots que l'on utilise ? Où se trouve le verbe ?

• Afficher au tableau les étiquettes des phrases (*Je mange à la cantine. / Cet été, vous irez à la mer. / Marine chante souvent.*), ainsi que les grandes étiquettes des mots exprimant la négation.

• Faire lire une première phrase à voix haute.

Demander aux élèves de chercher la forme négative de cette phrase.

• Envoyer un élève découper la phrase et faire insérer les étiquettes des mots marquant la négation.
• Faire valider et justifier les propositions par le groupe classe (« n' » au lieu du « ne »).
• Poursuivre de la même manière pour les deux autres phrases.

Deuxième étape

Trier des phrases correctement construites à la forme négative.
• Distribuer les étiquettes-phrases à chaque binôme et les faire découper.
Pendant ce temps, afficher les étiquettes collectives au tableau.
Faire lire les phrases à haute voix.
• Demander aux enfants de trier les phrases en conservant les phrases à la forme négative correctement construites et en écartant les autres.
Les laisser rechercher en binôme.
• Faire une mise en commun à l'aide des grandes étiquettes affichées au tableau.
Passer rapidement sur les points qui n'ont pas posé problème et insister sur les difficultés.
Faire ressortir qu'à l'écrit, une phrase négative comporte deux mots qui expriment la négation et qui sont, le plus souvent, « ne » et « pas ». Faire remarquer que « ne » et « jamais » peuvent également exprimer la négation.
• Faire relire la liste des phrases correctement écrites à la forme négative et les afficher au tableau : « *Je ne mange pas de viande.* », « *Léa n'est pas gentille avec son frère.* », « *Il ne skie jamais.* », « *Mon copain ne danse pas bien !* ».
Faire lire à voix haute les phrases non correctes et demander aux élèves d'apporter la correction : « *On ne va pas à la piscine.* », « *Je ne dors pas chez ma mamie ce soir.* ».

Repérer le verbe conjugué
Dans un second temps, demander aux élèves de souligner en rouge sur leurs étiquettes-phrases le verbe de chaque phrase à la forme négative et d'écrire V au-dessus.
Faire valider par le groupe classe. Faire entourer les deux mots de négation.
Insister sur le fait que le verbe est le mot encadré par « ne » et « pas » dans les phrases à la forme négative.

Synthèse, élaboration de la règle (mémo) et carte mentale

La forme négative

Pour écrire une **phrase à la forme négative**, on ajoute le plus souvent **les deux petits mots « ne », ou « n' », et « pas ».**

Exemples : *Tu parles.* → *Tu* ***ne*** *parles* ***pas****.*
Lucas écoute. → *Lucas* ***n'****écoute* ***pas****.*

Pour trouver le verbe conjugué dans la phrase, on peut utiliser la forme négative.

Le verbe se trouve toujours entre les deux mots : **« ne** … **pas »** lorsqu'il est conjugué à un temps simple.

Exemple : *Tu* *ne* *parles* *pas*.

6. Mémo

La forme négative

Une technique pour identifier le verbe conjugué

- **Une phrase** :

Léa dessine son chat.

- **La même phrase à la forme négative** :

Léa *ne* *dessine* *pas* *son chat.*

6. Carte mentale

Synthèse animée : pour compléter la synthèse, il est possible de présenter à la classe le petit film d'animation « La phrase négative », réalisé par Canopé (les fondamentaux) et disponible dans les ressources numériques.

© Canopé

6. Animation : La phrase négative

Séances 4 et 5 | Exercices de systématisation et court projet d'écriture

Objectifs
- Mémoriser les notions essentielles.
- Réinvestir ses connaissances dans des exercices d'application.

Organisation Travail individuel, correction individuelle ou collective.

Matériel
- Photocopies de la fiche élève n° 6 et son corrigé.
  6. Fiche élève et 6. Fiche élève corrigée
- Cahier d'essai.

Compétences abordées :

Ex. 1 : Savoir associer les deux formes d'une même phrase.
Ex. 2 : Savoir repérer les changements à la forme négative.
Ex. 3 et 4 : Savoir écrire une phrase à la forme négative et inversement.

6 La forme négative

Prénom : ....

Je m'entraine

❶ Relie chaque phrase à sa forme négative.

Lucie aime jouer au ballon. •	• Il ne joue pas au football.
Il joue au football. •	• Elle n'aime pas être gardien de but.
Elle aime être gardien de but. •	• Elle ne joue jamais avec Marin.
Elle joue toujours avec Marin. •	• Lucie n'aime pas jouer au ballon.

Dans chaque phrase négative, entoure ce qui est ajouté.

❷ Souligne en vert les phrases correctement écrites à la forme négative et entoure les mots qui marquent la négation.

Je mange à la cantine.

Océane ne dort pas chez sa mamie.

Mon chat n'est pas vieux.

Sors d'ici tout de suite !

Il ne pleut pas.

Quel âge as-tu ?

Je sais pas nager.

Elle ne vient jamais nous voir.

❸ Écris le contraire en mettant ces phrases à la forme négative.

Nous sommes contents.

Ce soir, il prépare le repas.

Demain, les enfants partiront en balade.

6

Victor oublie toujours son cartable.

Dans chaque phrase négative, souligne le verbe en rouge et écris V en dessous.

❹ Écris le contraire en supprimant la forme négative.

Je ne voyage pas en train.

La porte de ma chambre ne claque pas.

Aurore et Lisa ne montent pas à cheval.

Mon petit frère ne pleure jamais.

J'écris

❺ Complète les phrases avec des verbes à la forme négative.

Malik .... *car il a horreur de ça.*

Linette part toujours en avance car ....

Pierre ....

parce que c'est trop dangereux.

Le groupe sujet du verbe

Programmes 2016, ajustements 2018 – Connaissances et compétences associées :

– Identifier la phrase, en distinguer les principaux constituants et les hiérarchiser.
– Reconnaitre les principaux constituants de la phrase :
- le sujet
- le verbe (connaissance des propriétés permettant de l'identifier)

– Être capable de mobiliser les « mots de la grammaire » pour résoudre des problèmes d'orthographe, d'écriture et de lecture.
– Identifier la relation sujet-verbe (identification dans des situations simples).
– Différencier les principales classes de mots :
- le verbe
- le pronom personnel sujet

Séance 1 | Lecture et compréhension du texte

Objectifs
- Comprendre un texte.
- Lire à haute voix.
- Se familiariser avec les mots qui indiquent « qui » fait l'action décrite par le verbe.

Organisation Travail collectif et individuel.

Matériel
- Photocopie individuelle du texte *Au zoo.* 7. Texte
- Facultatif : le même texte reproduit ou vidéoprojeté collectivement au tableau.

Déroulement

Au zoo

Cet après-midi, Léo visite le zoo avec sa classe. De retour à la maison, il raconte à son papa ce qu'il a vu et imite ses animaux préférés.
« Il y avait un énorme éléphant, il barrissait, dit Léo en imitant le cri de l'éléphant. Il y avait aussi un vieux lion, il rugissait en découvrant son immense gueule.
Papa rit en voyant Léo, à quatre pattes, rugir comme le lion.
– Et puis, ajoute Léo tout excité, j'ai vu un beau cheval noir et blanc ; il galopait comme un fou !
Aussitôt, le petit garçon se met à galoper partout dans le salon.
– C'est bien, mon chéri. As-tu vu des singes ? demande papa.
– Oh oui, il y avait plein de chimpanzés, ils criaient très fort. Ils sautaient de branche en branche, comme ça !
Léo se met alors à sauter d'un canapé à un autre en hurlant.
– Tu sais, papa, il y avait aussi un lama, il crachait sur les gens…
– Ah ! celui-là, inutile de l'imiter ! » s'empresse de préciser Papa.

- Faire lire silencieusement le texte.
- Questionner les élèves pour contrôler la compréhension :

De qui parle-t-on ? Combien y a-t-il de personnages dans l'histoire ?
Quand se passe l'histoire ? (après-midi, puis le soir après la visite)
Où se passe l'histoire ? (deux endroits différents : zoo puis maison)
Quels animaux Léo a-t-il vus ?

- Faire une lecture magistrale expressive.
- Écrire au tableau : *il barrissait / il rugissait / il galopait / ils criaient / il crachait.*
- Faire remarquer que « *il* » ne permet pas de savoir vraiment de qui on parle.
- Oralement, faire rechercher dans le texte les groupes de mots qui indiquent de qui on parle quand on dit « *il barrissait* », « *il rugissait* », « *il galopait* » etc. (un énorme éléphant / un vieux lion / un beau cheval / plein de chimpanzés / un lama).
- Organiser une lecture « dialoguée » : désigner 3 enfants (Léo, papa et un narrateur).

Séance 2 | Découverte de la notion

Objectifs	– Repérer le groupe sujet du verbe. – Comprendre le rôle du groupe sujet dans la phrase. – Comprendre que le sujet peut être un mot seul ou un groupe de mots.
Organisation	Travail collectif et individuel.
Matériel	– Texte *Au zoo* photocopié pour chaque élève. 7. Texte – Collier-figurine verbe. – Étiquettes-mots collectives. 7. Mise en scène Le · petit · garçon · imite · les · animaux · Dans · le · salon · Léo · saute · sur · le · canapé · Un · beau · cheval · noir · et · blanc · galope

Déroulement

Rappel de la séance précédente

Faire une lecture magistrale du texte en marquant bien l'intonation.

Mise en scène

- Distribuer une étiquette-mot à chaque élève et la faire lire.
- Énoncer la phrase : « *Le petit garçon imite les animaux.* »
- Demander aux enfants qui possèdent les bonnes étiquettes de venir se placer.
- Faire lire la phrase à voix haute.
- Demander aux enfants de se rappeler le mot qu'ils savent déjà identifier dans une phrase, faire rappeler son nom (comment il s'appelle → le verbe) et sa fonction (à quoi il sert) dans la phrase.
- Faire identifier le verbe de cette phrase. On peut utiliser la forme négative.
- Donner le collier-figurine à l'élève qui tient l'étiquette [imite].

Poser la question « *Qui est-ce qui imite les animaux ?* » ou « *Qui imite les animaux ?* ».

- Faire répondre par « *C'est* ***le petit garçon*** *qui imite les animaux.* » pour détacher le sujet du verbe.

• Demander aux trois enfants qui tiennent les étiquettes « Le petit garçon » de se donner la main pour visualiser que ces trois mots forment un groupe « *De qui parle-t-on ?* ».

Dire que ce groupe de mots, « Le petit garçon », est le sujet du verbe « imite ».

• Afficher les étiquettes de la phrase au tableau.

• Demander à un élève de souligner le verbe en rouge, puis d'encadrer en rouge le groupe du verbe, de coller la figurine V au-dessus, et à un autre d'encadrer le groupe sujet en bleu.

Le petit garçon | **imite** les animaux.

Écrire « Sujet du verbe » au tableau sous le groupe correspondant.

• Utiliser la même démarche pour les phrases suivantes.

– « *Léo saute sur le canapé.* » Faire constater que dans cette phrase, le sujet du verbe est un mot seul : Léo.

– « *Un beau cheval noir et blanc galope.* » Faire observer que, dans ce cas, le sujet du verbe est composé de six mots. Le sujet du verbe est l'ensemble de ces mots, on l'appelle « groupe sujet ».

• Faire conclure que le sujet est un mot ou un groupe de mots qui désigne la personne, l'animal ou la chose qui fait ce qu'indique le verbe. C'est le groupe qui indique « de qui on parle » dans la phrase.

Conseils

Bien insister sur les étapes d'identification dans la phrase : on commence par chercher le verbe pour ensuite trouver son sujet. Les questions utilisées pour identifier le groupe sujet pourront être écrites au tableau.

Un sujet se définit formellement par la relation qu'il entretient avec le verbe. Bien faire ressortir le lien sujet / verbe : « *Pour qu'il y ait un sujet, il faut qu'il y ait un verbe.* » Attention à ne pas confondre le sujet de la phrase (thème de la phrase) et le sujet d'un verbe.

Séance 3 | Construction de la notion

Objectifs
- Identifier le verbe puis le sujet du verbe en utilisant des stratégies différentes.
- Connaitre le rôle du sujet dans la phrase.
- Réaffirmer que le sujet peut être un mot seul ou un groupe de mots.
- Créer de nouvelles phrases en changeant le groupe sujet.

Organisation Travail en binôme et collectif.

Matériel
- Figurines collectives Verbe.
- Un jeu d'étiquettes de cinq phrases par binôme (ou par élève suivant l'organisation choisie). 7. Manipulations en binôme
- Le même jeu agrandi pour affichage au tableau. 7. Manipulations collectives

Pierre fait du vélo. | Le gros chien de ma voisine aboie. | Ma petite sœur regarde la télévision. | Elle efface le tableau. | Le boulanger fait des croissants.

Déroulement

Manipulations et recherches

Repérer le verbe

• Procéder à un rappel de la séance précédente : la démarche utilisée pour repérer le groupe sujet dans la phrase et les questions posées (on cherche le verbe puis on pose la question).

• Écrire les étapes et les questions utilisées au tableau.

• Distribuer les étiquettes des cinq phrases, les faire découper et les faire lire.

Afficher les phrases collectives au tableau.

• Faire lire à haute voix.

• Faire souligner dans chaque phrase le verbe en rouge et écrire la lettre V au-dessus. Après un temps de recherche, procéder à une mise en commun avec les étiquettes collectives.

Veiller à ce que les élèves argumentent leur choix. Proposer d'utiliser la forme négative de la phrase ou encore faire mimer le verbe pour le repérer.

• Faire valider par le groupe classe.

Repérer le sujet du verbe

• Faire rappeler ce qu'est le sujet du verbe (son rôle). Donner un exemple avec une phrase simple : « *Le cheval galope.* » ou « *Léo saute.* ».

• Demander aux élèves d'encadrer en bleu le groupe sujet des cinq phrases.

• Après un temps de recherche, mettre en commun. Chaque groupe appelé au tableau explique sa démarche pour trouver le groupe sujet. Faire valider en posant la question « *Qui est-ce qui ?* » et en faisant répondre par « *C'est... qui...* ».

Exemple : « *Qui est-ce qui fait du vélo ? C'est* ***Pierre*** *qui* ***fait du vélo****.* » Même démarche pour les autres phrases.

• Demander aux élèves de découper les groupes sujets dans leurs étiquettes-phrases puis envoyer un élève découper les phrases du tableau.

• À la fin de la manipulation, on obtient les groupes suivants, affichés sur deux colonnes :

Groupe sujet encadré en bleu	Reste de la phrase dont le verbe est souligné en rouge
Pierre	fait du vélo.
Le gros chien de ma voisine	aboie.
Ma petite sœur	regarde la télévision.
Le boulanger	fait des croissants.
Elle	efface le tableau.

Faire de nouveau remarquer la longueur variable du groupe sujet :

– Dans la phrase « *Le gros chien de ma voisine aboie.* », insister sur le fait que c'est bien l'ensemble des mots « *Le gros chien de ma voisine* » qui est sujet ; c'est pourquoi on parle de « groupe ».

– Faire remarquer que parfois le sujet est réduit à un seul mot (« *Pierre* », « *elle* »).

Créer de nouvelles phrases en changeant le verbe

• Demander aux élèves de choisir un groupe sujet parmi les étiquettes puis de fabriquer de nouvelles phrases en choisissant, parmi les étiquettes, un groupe du verbe différent.

• Demander aux groupes de proposer leurs phrases en les affichant au tableau avec les étiquettes collectives. On obtient par exemple : « *Pierre fait du vélo.* » ; « *Pierre regarde la télévision.* » ; « *Pierre efface le tableau.* » ; « *Pierre aboie.* », etc.

Créer de nouvelles phrases en changeant le groupe sujet

• Demander maintenant aux élèves de choisir un verbe parmi les étiquettes et d'inventer plusieurs phrases en changeant le groupe sujet.

• Utiliser la même démarche que précédemment. On obtient par exemple : « *Ma petite sœur fait du vélo.* » ; « *Le boulanger fait du vélo.* » ; « *Elle fait du vélo.* » ; « *Le gros chien de ma voisine fait du vélo.* ».

• Faire remarquer que certaines phrases sont correctes mais invraisemblables. Exemple : « *Le gros chien de ma voisine efface le tableau.* »

Synthèse, élaboration de la règle (mémo) et carte mentale

Le sujet d'un verbe

On appelle sujet du verbe le mot ou le groupe de mots qui désigne la personne, l'animal ou la chose qui fait l'action du verbe.
Par exemple :
Ma sœur *mange une glace.* → « Ma sœur » est le sujet du verbe « mange ».

Pour trouver le sujet du verbe, on cherche d'abord le verbe puis on peut poser la question « *Qui est-ce qui ?* » et répondre par « *C'est… qui…* ».
Exemple : « *Qui est-ce qui mange ? C'est* ***ma sœur*** *qui mange.* »

7. Mémo

Le groupe sujet du verbe

Pour trouver le sujet du verbe :

1. **Je cherche le verbe**

Le garçon saute sur le canapé.

2. **Je pose la question**
« *Qui est-ce qui saute ?* »

3. **Je réponds**
« *C'est* [*le garçon*] *qui saute.* »

→ Le groupe [*le garçon*] est le sujet du verbe.

7. Carte mentale

Séances 4 et 5 | Exercices de systématisation et court projet d'écriture

Objectifs
- Mémoriser les notions essentielles.
- Réinvestir ses connaissances dans des exercices d'application.

Organisation
Travail individuel, correction individuelle ou collective.

Matériel
- Photocopies de la fiche élève n° 7 et son corrigé.
  7. Fiche élève et 7. Fiche élève corrigée
- Cahier d'essai.

Compétences abordées :

Ex. 1 et 2 : Savoir identifier le verbe et son sujet dans une phrase.
Ex. 3 : Savoir associer un sujet à un verbe.
Ex. 4 et 5 : Compléter des phrases en ajoutant un sujet ou un verbe.

7 Le groupe sujet du verbe

Prénom : ....

Je m'entraine

❶ Pour chacune des phrases, trouve le sujet du verbe souligné. Aide-toi des questions / réponses.

• Tous les jours, Lucas prend le car.

Qui est-ce qui prend le car ?

C'est .... qui ....

• Lise va à l'école à pied.

Qui est-ce qui.. ?

C'est .... qui ....

• Tous les élèves rentrent en classe.

Qui est-ce qui .... ?

Ce sont .... qui ....

❷ Dans chaque phrase, souligne le verbe en rouge et écris V en dessous. Puis encadre le groupe sujet en bleu.

Maman épluche la salade.

Elle fait la sauce.

Papa met les assiettes sur la table.

Lina et son frère posent les couverts.

Ce soir, toute la famille dîne ensemble.

❸ Relie d'un trait les groupes sujets et les groupes du verbe qui vont ensemble.

L'ordinateur de ma mère •	• a installé son chapiteau.
Le coiffeur •	• joue avec sa poupée.
La petite fille •	• est en panne.
Le cirque •	• coupe les cheveux des clients.

❹ Complète chaque phrase avec un groupe sujet.

Dans le jardin,.. joue au ballon.

.... regarde passer le train.

.... cueille des fleurs.

Dans la forêt, ... a récolté des champignons.

❺ Complète chaque phrase avec un verbe.

L'après-midi, mon cousin............................... sur la plage.

La directrice de l'école .... dans son bureau.

Mon père .... sa voiture.

Le lion .... une gazelle.

J'écris

❻ Écris des phrases en utilisant chaque nom d'animal comme sujet du verbe. Aide-toi de la liste des verbes.

un loup / un lion / une gazelle / une girafe / un éléphant

sauter / hurler / dévorer / manger / se sauver / guetter / marcher

Manipuler le groupe sujet

Programmes 2016, ajustements 2018 – Connaissances et compétences associées :

– Reconnaitre les principaux constituants de la phrase :
- le sujet
- le verbe (connaissance des propriétés permettant de l'identifier)

– Être capable de mobiliser les « mots de la grammaire » pour résoudre des problèmes d'orthographe, d'écriture et de lecture.

– Identifier la relation sujet-verbe (identification dans des situations simples).

– Différencier les principales classes de mots :
- le verbe
- le pronom personnel sujet

Séance 1 | Lecture et compréhension du texte

Objectifs
- Comprendre un texte.
- Lire à haute voix.
- Contrôler sa compréhension.
- Se familiariser avec les reprises anaphoriques et les manipulations du groupe sujet (expansion, substitution).

Organisation Travail collectif et individuel.

Matériel
- Photocopie individuelle du texte *La princesse Crado*. 8. Texte
- Facultatif : le même texte reproduit ou vidéoprojeté collectivement au tableau.
- Crayons de couleurs ou surligneurs.

Déroulement

La princesse Crado

Tout en haut de la plus haute des tours du château du Mont-Cradoc vivait la princesse Héléna.
Elle n'était ni belle, ni coquette, ni même courageuse.
Pendant que son père, le roi, partait en guerre, la jeune fille passait ses journées à jouer à la marelle ou à regarder des DVD.
Jamais elle ne faisait la vaisselle, elle l'entassait dans une cuvette ou la laissait trainer par terre.
Jamais elle ne vidait sa poubelle. La jeune princesse était si paresseuse qu'elle ne faisait jamais sa toilette : elle portait toujours une salopette dégoutante et une casquette répugnante.
On l'avait surnommée « la princesse Crado ».

- Faire lire silencieusement le texte.
- Questionner les élèves pour contrôler la compréhension :

Où se passe l'histoire ? De qui parle-t-on ?

Combien y a-t-il de personnages dans l'histoire ?

- Faire relire et justifier le titre « *La princesse Crado* ».
- Faire une lecture magistrale expressive.
- Faire lire à haute voix par deux ou trois élèves.
- Faire rechercher et souligner (ou surligner) en couleur dans le texte les différents groupes de mots qui désignent la princesse : « *la princesse Héléna / la jeune fille / La jeune princesse / la princesse Crado / elle* ».

Séance 2 | Découverte de la notion

Objectifs
- Identifier le groupe sujet du verbe.
- Substituer un groupe sujet à un autre.

Organisation Travail collectif et individuel.

Matériel
- Texte *La princesse Crado* photocopié pour chaque élève. 8. Texte
- Collier-figurine (verbe).
- Étiquettes collectives. On peut reproduire, à la main, les phrases sur des bandes de papier de rouleau de caisse enregistreuse. 8. Mise en scène

La	princesse	Héléna	porte	une	salopette	dégoutante

Le	roi	vivent	dans	une	tour	de	château

La princesse Crado	Elle	La fille du roi	La jeune fille	Ils	Elles

Le père et sa fille	Le roi et la princesse	Le loup

Déroulement

Rappel de la séance précédente

Faire une lecture magistrale du texte en marquant bien l'intonation.

Mise en scène

• Distribuer à chaque enfant une étiquette et faire lire le mot silencieusement.
• Énoncer la phrase : « *La princesse Héléna porte une salopette dégoutante.* » et demander aux enfants qui possèdent les bonnes étiquettes pour former la phrase de venir se placer debout face à la classe.
• Faire lire la phrase à voix haute.
• Faire identifier le verbe de cette phrase. Rappeler l'utilisation de la forme négative. Donner le collier-figurine du verbe à l'enfant qui tient le mot « porte ».
• Faire identifier le sujet (rappeler la question à poser).
Demander aux trois enfants qui tiennent les étiquettes « La / princesse / Héléna » de se donner la main pour visualiser que ces trois mots forment un groupe.
Faire réaffirmer que le groupe de mots « La princesse Héléna » est le sujet du verbe « porte ».

• Demander aux élèves quels mots du groupe sujet peuvent être supprimés pour le réduire et leur demander de se mettre à l'écart du groupe.

On supprime « Héléna » → La princesse porte une salopette dégoutante.

On supprime « La princesse » → Héléna porte une salopette dégoutante.

• Demander ensuite aux élèves de la classe de chercher parmi leurs étiquettes celles qui peuvent remplacer le groupe sujet « La princesse Héléna » sans changer le sens de la phrase.

• Successivement, faire venir les enfants au tableau pour remplacer ceux qui tiennent l'étiquette du groupe sujet : « *La princesse Crado / La fille du roi / La jeune fille* ».

À chaque fois, faire lire à voix haute la phrase entière avec le nouveau sujet.

• Faire valider par le groupe classe.

Renvoyer tous les élèves à leur place et faire la synthèse en affichant au tableau les étiquettes. On obtient à la fin :

La princesse Héléna **porte** une salopette dégoutante.

La princesse Crado

La fille du roi

La jeune fille

Elle

• Faire relire à voix haute tous les groupes bleus affichés et faire remarquer qu'ils sont tous sujets du même verbe « porte ».

• Procéder de la même façon pour la phrase suivante :

Le roi et la princesse **vivent** dans une tour de château.

Le père et sa fille

Ils

Séance 3 | Construction de la notion

Objectifs
- Identifier le groupe sujet du verbe en utilisant des stratégies différentes.
- Réduire ou allonger des groupes sujets.

Organisation Travail de recherche en binôme puis travail collectif.

Matériel
- Une photocopie par binôme des phrases à trous. 8. Manipulations en binôme
- Crayons de couleur rouge et bleu.

Déroulement

Manipulations et recherches

• Procéder à un rappel de la séance précédente.

• Distribuer la feuille des phrases à trous et demander aux élèves de lire silencieusement.

• Faire lire à haute voix la première phrase : « *La jeune princesse paresseuse porte une salopette.* »

• Demander aux élèves de souligner le verbe en rouge et d'encadrer en bleu les mots qui constituent le groupe sujet du verbe.

Pendant ce temps, écrire la phrase au tableau.

• Envoyer un élève au tableau pour faire le même travail (faire coller la figurine V au-dessus du verbe).

Faire valider par la classe.

• Demander aux élèves de réduire le groupe sujet « La jeune princesse paresseuse » en supprimant un mot et de compléter en écrivant le nouveau groupe sur chaque étiquette vierge.

• Après un temps de recherche en binôme, procéder à une correction collective en écrivant chaque réponse au tableau.

• Procéder de la même manière pour la deuxième phrase.

• Pour la troisième phrase, à l'inverse, demander aux élèves d'agrandir le groupe sujet en ajoutant un ou plusieurs mots et de compléter en écrivant le nouveau groupe sur chaque étiquette vierge.

Synthèse, élaboration de la règle (mémo) et carte mentale

Le groupe sujet

On peut **remplacer** des groupes sujets par d'autres sans changer le sens de la phrase.

Exemples : ***La princesse*** *porte une salopette.*
La fille du roi *porte une salopette.*

On peut **réduire ou agrandir** le groupe sujet d'un verbe.

Exemples : ***La jeune princesse*** *porte une salopette.*
La princesse *porte une salopette.*
La jeune princesse paresseuse *porte une salopette.*

8. Mémo

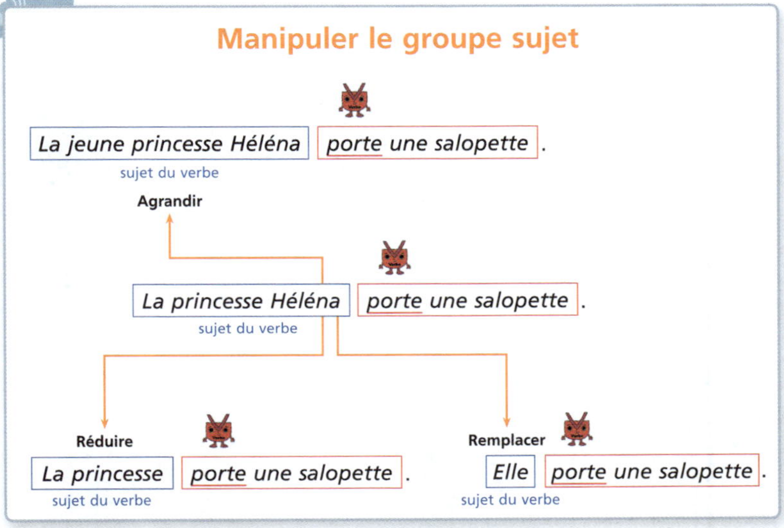

8. Carte mentale

Séances 4 et 5 | Exercices de systématisation et court projet d'écriture

Objectifs
- Mémoriser les notions essentielles.
- Réinvestir ses connaissances dans des exercices d'application.

Organisation Travail individuel, correction individuelle ou collective.

Matériel
- Photocopies de la fiche élève n° 8 et son corrigé.
  8. Fiche élève et 8. Fiche élève corrigée
- Cahier d'essai.

Compétences abordées :

Ex. 1 : Savoir identifier le verbe et son sujet dans une phrase.
Ex. 2 : Savoir effectuer une substitution du groupe sujet.
Ex. 3 : Savoir effectuer une réduction du groupe sujet.
Ex. 4 : Savoir effectuer une expansion du groupe sujet.

8 Manipuler le groupe sujet

Prénom : ....

Je m'entraine

❶ Dans chaque phrase, souligne le verbe en rouge et écris V en dessous puis souligne le groupe sujet en bleu.

Jérôme joue au ballon dans le jardin.

Demain matin, mon frère partira en voyage.

L'ordinateur de ma mère ne marche plus.

Sur la plage, le vent fouette le visage des promeneurs.

❷ Dans chaque phrase, souligne le verbe en rouge et écris V en dessous, puis souligne le groupe sujet en bleu.
Récris la phrase en remplaçant le groupe sujet par un des groupes de la liste sans changer le sens de la phrase.

la petite fille / ils / elle / la grande sœur / papa et maman

Léa fait un gâteau pour sa petite sœur.

Aujourd'hui, mes parents ne travaillent pas.

❸ Colorie en rouge le verbe et en bleu le groupe sujet.
Réduis le groupe sujet : écris un mot dans chaque cadre.

Le	jeune	chien	noir	saute	sur	le	canapé.
			saute	sur	le	canapé.	
			saute	sur	le	canapé.	
		saute	sur	le	canapé.		
	saute	sur	le	canapé.			

8 Manipuler le groupe sujet

❹ Entoure en rouge le verbe et en bleu le groupe sujet.
Allonge le groupe sujet : écris un mot dans chaque cadre.

Il	crie	fort.			
		crie	fort.		
				crie	fort.

J'écris

❺ Écris ce qui arrive à Léo. Ne répète pas « Léo » pour chaque image.

9

Les pronoms personnels (en position sujet)

Programmes 2016, ajustements 2018 – Connaissances et compétences associées :
- Identifier la relation sujet-verbe (identification dans des situations simples).
- Différencier les principales classes de mots :
  - le verbe
  - le pronom personnel sujet

Séance 1 | Lecture et compréhension du texte

Objectifs
- Comprendre un texte.
- Lire à haute voix.
- Se familiariser avec le rôle des pronoms personnels (fonction sujet du verbe).

Organisation Travail collectif et individuel.

Matériel
- Photocopie individuelle du texte *Drôle de conteuse !* 9. Texte
- Facultatif : le même texte reproduit ou vidéoprojeté collectivement au tableau.
- 2 crayons de couleur ou surligneurs.

Déroulement

Drôle de conteuse !

Alice rentre du cinéma. Elle raconte à sa copine Justine le dessin animé qu'elle a vu.
« Au début, ça fait peur. Il grogne, il veut dévorer Jules, le petit garçon, dit Alice.
– C'est qui « il » ? Un loup ? demande Justine.
– Non, c'est l'ogre géant Gloutonux. Il est horrible : tout vert avec des gros boutons orange. Heureusement, il s'échappe !
– Qui ça, l'ogre ?
– Mais non, Jules, le petit garçon, reprend Alice. Il allait se faire croquer par Gloutonux quand elles sont arrivées.
– C'est qui « elle » ? demande Justine exaspérée.
– Eh bien, les trois bonnes fées : Lisou, Milou et Pilou. Elles détiennent des pouvoirs magiques incroyables ! Il était furieux.
– Jules ?
– Mais non, Gloutonux ! Tu ne comprends rien à l'histoire, dit Alice.
– Je ne comprends peut-être rien à l'histoire, mais toi, qu'est-ce que tu racontes mal ! » rétorque Justine.

- Faire lire silencieusement le texte.
- Questionner les élèves pour contrôler la compréhension :

Quels sont les personnages qui se parlent ? Que veut faire Alice ?
Pourquoi Justine ne comprend-elle pas ce qu'Alice lui raconte ?

- Faire entourer, lire à haute voix, expliquer et justifier le titre « *Drôle de conteuse* ».
- Faire une lecture magistrale expressive.
- Rappeler le rôle des guillemets et celui des tirets. Faire repasser de 2 couleurs différentes les tirets (une couleur pour les paroles de Justine et une autre pour les paroles d'Alice).
- Organiser une lecture « dialoguée » : désigner 2 enfants (Alice, Justine) et un narrateur (rappeler son rôle).
- Faire remarquer que « il » ou « elles » ne permettent pas de savoir vraiment de qui on parle.
- Oralement, faire rechercher dans le texte, les groupes de mots qui indiquent qui est « il » ou « elle ».

« Elle raconte » → qui est-ce qui raconte ? C'est « Alice ».
« Il grogne » → qui est-ce qui grogne ? C'est « l'ogre ».
« Il est horrible » → qui est-ce qui est horrible ? C'est « l'ogre ».
« Il s'échappe » → qui est-ce qui s'échappe ? C'est « Jules, le petit garçon ».
« Elles sont arrivées » → qui est-ce qui est arrivé ? Ce sont « les fées ».
« Il était furieux » → qui est-ce qui est furieux ? C'est « l'ogre ».

Séance 2 | Découverte de la notion

Objectifs
- Retrouver quel groupe nominal sujet est remplacé par un pronom personnel sujet.
- Choisir le pronom personnel sujet.
- Identifier qui parle et de qui on parle dans un texte.

Organisation Travail collectif et individuel.

Matériel
- Texte *Drôle de conteuse !* photocopié pour chaque élève. 9. Texte
- Une ardoise individuelle.
- Colliers-figurines (verbe, pronom personnel).
- Étiquettes collectives. 9. Mise en scène

Elle	raconte	Elles	arrivent	Il	s'échappe	Alice
La petite fille	Le petit garçon	La fillette	Jules			
Lisou, Milou et Pilou	Les trois bonnes fées	L'ogre	Gloutonux			
Le géant	Le loup	grogne				

Déroulement

Rappel de la séance précédente

Faire une lecture magistrale du texte en marquant bien l'intonation.

Mise en scène

Première étape

- Distribuer les étiquettes aux enfants.
- Les laisser lire les mots qu'ils reçoivent.
- Énoncer la phrase : « *Elle raconte.* »

Faire venir au tableau les enfants qui possèdent les étiquettes correspondantes.
Faire identifier le verbe et accrocher le collier-figurine correspondant au cou de l'enfant qui tient l'étiquette « raconte ».
Faire identifier le sujet.

• Dire aux enfants que le petit mot « elle » remplace un nom : on l'appelle « pronom personnel ». Donner le collier-figurine correspondant à l'élève. Écrire « Pronom personnel » au tableau.

• Demander aux élèves de chercher parmi leurs étiquettes celles qui peuvent se « mettre à la place » du pronom sujet pour expliquer qui est « elle ».

Les enfants concernés viennent face à la classe.

Veiller à ce qu'ils argumentent leur choix en se rapportant au texte.

Faire lire à voix haute la phrase avec le nouveau sujet.

Faire valider par le groupe-classe.

• Écrire au fur et à mesure les nouvelles phrases au tableau : « *Elle raconte.* » / « *Alice raconte.* » / « *La petite fille raconte.* »

Faire souligner, dans chaque phrase, le verbe en rouge (afficher la figurine verbe au-dessus) et faire encadrer le sujet du verbe en bleu.

• Procéder de la même façon pour les phrases suivantes : « ***Elles*** *arrivent.* » / « ***Il*** *s'échappe.* » / « ***Il*** *grogne.* »

Deuxième étape

• Inviter cinq élèves à venir au tableau (garçons et filles).

Organiser un dialogue entre ces cinq élèves, le reste de la classe écrira sur l'ardoise.

Demander à l'un d'eux de faire une phrase pour dire qu'il rentre du cinéma : « *Je rentre du cinéma.* »

Poser la même question à ses quatre camarades.

Faire écrire sur l'ardoise le pronom que les enfants ont utilisé pour parler d'eux.

Envoyer un élève écrire au tableau le pronom « je ».

Dans le groupe de cinq, demander à un élève de s'adresser à un de ses camarades : « *Tu rentres du cinéma.* »

Procéder de la même manière en demandant à l'un des cinq enfants de s'adresser successivement aux autres.

Faire écrire sur l'ardoise le pronom utilisé : « tu ».

• Procéder de la même manière en demandant à l'un des cinq enfants :

– de se mettre à l'écart du groupe, en s'adressant à ses camarades (« vous ») ;

– puis de s'inclure dans le groupe et de s'adresser au reste de la classe (« nous ») ;

– de parler d'un camarade (« il »), puis d'une camarade (« elle »), puis de ses camarades filles (« elles ») et de ses camarades garçons (« ils »).

• Expliquer aux enfants que :

– « Il » ou « elle » s'écrivent sans « s » quand on parle d'un seul garçon ou d'une seule fille : c'est au singulier.

– « Ils » ou « elles » s'écrivent avec un « s » quand on parle de plusieurs garçons ou de plusieurs filles : c'est au pluriel.

Faire écrire sur l'ardoise le pronom que l'on va utiliser pour parler d'un groupe mixte (un garçon et une fille).
Expliquer qu'à partir du moment où il y a un garçon dans un groupe, le pronom utilisé est « ils ».
Introduire la notion de vouvoiement (dans ce cas, le pronom « vous » désigne une seule personne).
• Faire relire à voix haute tous les pronoms inscrits au tableau.
• Présenter un autre pronom personnel que l'on utilise souvent : « on ».
L'écrire au tableau.
• Faire rappeler qu'on appelle ces mots des pronoms personnels. Ils remplacent des noms et ils sont sujets du verbe.
• Si le temps le permet, appeler cinq autres enfants au tableau et renouveler la même démarche en utilisant un autre verbe (*chanter*, *jouer*…).

Séance 3 | Construction de la notion

Objectifs
- Réduire des groupes sujets.
- Remplacer le groupe nominal sujet par un pronom personnel.

Organisation Travail de recherche collectif et en binôme puis travail collectif.

Matériel
- Collier-figurine (verbe).
- Une photocopie des phrases à trous par binôme. 9. Manipulations en binôme
- Étiquettes collectives. 9. Manipulations collectives

| L' | ogre | vert | Gloutonux | dévore | les | enfants. |

| Les | trois | bonnes | fées | Lisou, | Milou | et | Pilou | sauvent |

| le | petit | garçon. |

Déroulement

Manipulations et recherches

• Inviter sept enfants à venir au tableau, leur distribuer les grandes étiquettes-mots et leur demander de se placer dans l'ordre face à la classe, pour composer la phrase.

Faire lire la phrase à voix haute :

[L'] [ogre] [vert] [Gloutonux] [dévore] [les] [enfants.]

Avec le groupe classe, faire identifier le verbe de cette phrase et donner le collier-figurine à l'enfant concerné.

Puis faire identifier le groupe sujet.

Demander aux enfants qui possèdent les étiquettes « [L'] [ogre] [vert] [Gloutonux] » de se donner la main pour visualiser qu'ils forment un groupe (le groupe sujet qui répond à la question « *qui est-ce qui dévore ?* »).

Faire compter le nombre de mots du groupe sujet.

• Renvoyer les élèves à leur place et afficher les étiquettes de la phrase au tableau.

• Distribuer les fiches de recherches (phrases à trous) : sur la feuille, faire récrire le groupe sujet **en le réduisant** (suppression d'un ou plusieurs mots) sans changer le sens de la phrase.

• Faire la première réduction en commun : *L'ogre vert Gloutonux dévore les enfants.*
→ *L'ogre Gloutonux dévore les enfants.*

• Demander aux enfants d'écrire le nouveau groupe sujet dans les cadres correspondants.

• Procéder à une mise en commun en écrivant au tableau les différents groupes sujets trouvés :

→ *L'ogre vert Gloutonux / L'ogre Gloutonux / L'ogre / Gloutonux*

Faire relire à voix haute chacun des groupes sujets suivi de la suite de la phrase pour mettre en évidence que la phrase reste la même.

• Faire rappeler comment s'appellent les petits mots qui remplacent les noms.

Demander de chercher dans cette phrase, le pronom personnel qui pourrait remplacer le groupe sujet réduit (*il*) puis envoyer un enfant l'écrire au tableau à la suite de la liste des groupes sujets.

• Procéder de la même façon avec la phrase : « *Les trois bonnes fées Lisou, Milou et Pilou sauvent le petit garçon.* » On peut obtenir : *Les trois bonnes fées Lisou, Milou et Pilou → Les trois bonnes fées / Lisou, Milou et Pilou / Les trois fées / Les fées / Elles.*

Synthèse, élaboration de la règle (mémo) et carte mentale

Les pronoms personnels sujets du verbe

Je, tu, il, elle, nous, vous, ils, elles et **on** sont des pronoms personnels sujets du verbe.

Par exemple : *Je mange à la cantine. / Nous regardons la télévision. / Vous chantez. / On revient.*

Les pronoms personnels sujets du verbe se mettent à la place des groupes nominaux sujets.

Par exemple : ***La petite fille** raconte le film.* → ***Elle** raconte le film.*
***L'ogre vert** dévore les enfants.* → ***Il** dévore les enfants.*

9. Mémo

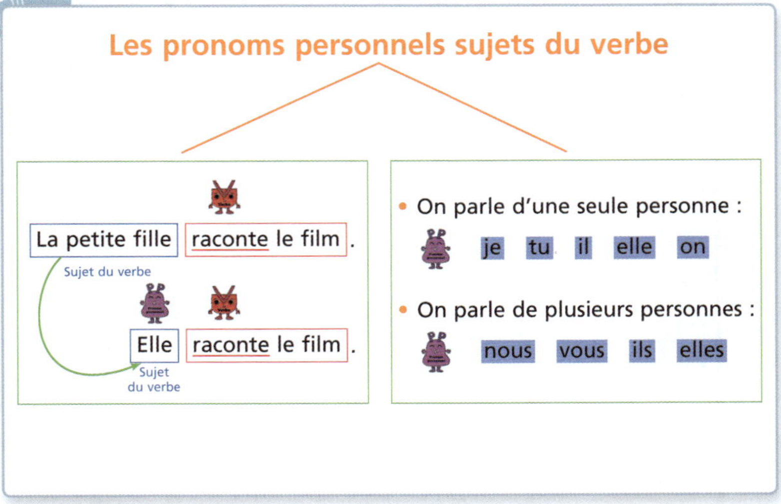

9. Carte mentale

Séances 4 et 5 | Exercices de systématisation et court projet d'écriture

Objectifs
- Mémoriser les notions essentielles.
- Réinvestir ses connaissances dans des exercices d'application.

Organisation
Travail individuel, correction individuelle ou collective.

Matériel
- Photocopies de la fiche élève n° 9 et son corrigé.
  9. Fiche élève et 9. Fiche élève corrigée
- Cahier d'essai.

Compétences abordées :

Ex. 1, 2, 3 et 5 : Savoir remplacer des groupes sujets par des pronoms personnels dans une phrase ou dans un texte.

Ex. 4 et 6 : Savoir retrouver dans une phrase ou dans un texte quelle personne désigne un pronom.

9 Les pronoms personnels (en position sujet)

Prénom : ....

Je m'entraine

1 Complète avec le pronom personnel qui convient.

Mon cousin est très peureux, ... tremble quand .... voit un chien.

Sa petite sœur est plus courageuse, ... ose s'approcher. Cependant, ... fait attention.

« .... n'as pas de raison d'avoir peur, dit-elle à son frère. Regarde, moi, ... m'approche doucement. .... n'est pas méchant. »

2 Complète avec le pronom personnel sujet qui convient *il*, *elle*, *ils* **ou** *elles*.

Marion et son amie vont à la piscine, ... plongent dans le grand bain.

Mon petit frère goute dans la cuisine, ... mange un pain au chocolat.

Mes parents préparent leurs bagages, ... partent en voyage.

La petite Fantine prend un livre, ... regarde les images.

3 Dans chaque phrase, souligne en rouge le verbe et en bleu le groupe sujet. Puis récris la phrase en remplaçant le groupe sujet par un pronom personnel.

Lina saute à la corde.

Les trois enfants jouent au jeu vidéo.

Demain, mes cousins et moi irons au cinéma.

4 Entoure le groupe sujet qui est remplacé par le pronom personnel souligné.

Elles font des châteaux de sable. → La petite fille / Les petites filles

Elle fait un dessin. → La petite fille / Les petites filles

Il va chez le coiffeur. → Léo / Les trois enfants

Ils vont chez le coiffeur. → Léo / Les trois enfants

5 Écris le pronom personnel qui remplace le groupe sujet :

Maman et moi → .... jouons aux dominos. Ma sœur et Léa → .... jouent aux cartes.

Moi tout seul → .... fais mes devoirs. La boulangère → .... ouvre sa boutique.

Le chien → .... ronge son os.

6 Écris un groupe sujet qui remplace le pronom personnel.

Ils aiment beaucoup voyager. ....

Elle pense partir en Grèce. ....

Il rêve d'aller en Chine. ....

J'écris

7 Récris les phrases en remplaçant le pronom personnel sujet par un groupe de ton choix. Lis ton histoire à tes camarades.

Ils préparent une fête.

Elles posent des bouquets sur les tables.

Ils apportent les gâteaux et elles amènent des boissons.

Ils chantent tous en chœur.

Les accords sujet / verbe

Programmes 2016, ajustements 2018 – Connaissances et compétences associées :
- Maitriser l'orthographe grammaticale de base.
- Identifier la relation sujet-verbe (identification dans des situations simples).
- Différencier les principales classes de mots :
  - le verbe
  - le pronom personnel sujet

Séance 1 | Lecture et compréhension du texte

Objectifs
- Comprendre un texte.
- Lire à haute voix.
- Se familiariser avec certains changements qui s'entendent et d'autres qui ne s'entendent pas.

Organisation
Travail collectif et individuel.

Matériel
- Photocopie individuelle du texte *Au camping*. 10. Texte
- Facultatif : le même texte reproduit ou vidéoprojeté collectivement au tableau.

Déroulement

Au camping

Martin et son frère Samuel dorment pour la première fois sous une tente.
Martin, le plus jeune, a un peu peur et ne parvient pas à s'endormir.
« Samuel, tu dors ? demande-t-il.
– Oui, je dors, répond son grand frère.
– Bah non, tu ne dors pas puisque tu parles ! » s'écrie Martin en ricanant.
À ce moment, leur père ouvre la fermeture Éclair de la tente, passe la tête et gronde :
« Maintenant, vous vous taisez et vous dormez ! Maman dort, vous allez la réveiller. »

- Faire lire silencieusement le texte.
- Questionner les élèves pour contrôler la compréhension :

Où se passe l'histoire ? De qui parle-t-on ?
Combien y a-t-il de personnages dans le texte ? Que se passe-t-il ?

- Faire une lecture magistrale expressive.
- Organiser une lecture « dialoguée » : désigner 4 élèves (Papa, Samuel, Martin et un narrateur).
- Écrire au tableau la dernière réplique et la faire relire, par deux ou trois élèves :

« *Maintenant, vous vous taisez et vous dormez ! Maman dort, vous allez la réveiller.* »
Demander aux enfants à qui s'adresse le père quand il dit cela (à ces deux enfants).
Demander maintenant aux élèves d'imaginer que le père s'adresse seulement à Martin et leur demander de modifier si nécessaire ce qu'il dit :
« *Maintenant, tu te tais et tu dors ! Maman dort, tu vas la réveiller.* »

- Écrire la nouvelle réplique au tableau et la faire relire par plusieurs élèves

« *Maintenant, vous vous taisez et vous dormez !* » → « *Maintenant, tu te tais et tu dors !* »
« *Maman dort, vous allez la réveiller.* » → « *Maman dort, tu vas la réveiller.* »

Séance 2 | Découverte de la notion

Objectifs
- Découvrir que la forme du verbe change en fonction du sujet.
- Repérer que certains changements s'entendent (*Il dort* → *Ils dorment*) et d'autres ne s'entendent pas mais s'écrivent (*Il gronde* → *Ils grondent*).

Organisation Travail collectif et individuel.

Matériel
- Texte *Au Camping* photocopié pour chaque élève. 10. Texte
- Collier-figurine (verbe).
- Étiquettes-mots collectives. 10. Mise en scène

| Martin | et | Samuel | dort | dorment | Le | père | gronde | les |
| enfants | Les | parents | grondent | sous | la | tente |

Déroulement

Rappel de la séance précédente

Faire une lecture magistrale du texte en marquant bien l'intonation.

Mise en scène

• Distribuer les étiquettes aux élèves.

• Énoncer la phrase : « *Martin dort sous la tente.* »

Faire venir au tableau les enfants qui possèdent les étiquettes pour former cette phrase et la faire lire à voix haute.

• Faire un rappel de la séance précédente en faisant identifier le verbe de cette phrase. Utiliser la forme négative.

Donner le collier-figurine à l'élève concerné.

Puis faire identifier le sujet (avec les questions habituelles).

Proposer de remplacer le sujet « Martin » par « Martin et Samuel ».

Faire venir au tableau les enfants qui possèdent les étiquettes « et » et « Samuel » et leur demander de se placer dans la phrase.

• Faire lire à voix haute la nouvelle phrase : « *Martin et Samuel dort sous la tente.* »

• Laisser les enfants observer cette nouvelle phrase et trouver ce qui ne va pas, puis leur demander de corriger la phrase oralement.

Appeler l'élève qui possède l'étiquette du verbe « dorment ».

Faire relire la phrase correcte.

• Écrire au tableau les deux phrases.

Demander à un élève de venir souligner le verbe en rouge et de coller au-dessus la figurine V et à un autre de venir encadrer les groupes sujets « Martin » et « Martin et Samuel » en bleu.

Écrire « Sujet du verbe » en dessous.

Faire relire les deux phrases à voix haute et faire remarquer que le changement de verbe s'entend (« dort / dorment »).

Amener à observer qu'en changeant le sujet, on change la forme du verbe. On dit que le verbe s'accorde avec son sujet.

• Énoncer une deuxième phrase : « *Le père gronde les enfants.* »

Utiliser la même démarche en remplaçant le sujet « Le père » par « Les parents ».

Faire relire les deux phrases à voix haute et faire remarquer que le changement de verbe ne s'entend pas mais se voit à l'écrit (« gronde / grondent »).

• Faire entourer la terminaison « ent » et préciser que les lettres ne font pas entendre le son [ã].

Amener à la conclusion que lorsque le sujet change, le verbe change. Certains changements s'entendent (*L'enfant dort* → *Les enfants dorment*), d'autres ne s'entendent pas mais se voient (*Il gronde* → *Les parents grondent*).

Séance 3 | Construction de la notion

Objectifs
– Comprendre que le verbe s'accorde avec son sujet.
– Connaitre les transformations des verbes les plus courantes.

Organisation
Travail en binôme et collectif.

Matériel
– Collier-figurine (verbe).
– Une photocopie de la fiche (groupes de mots) par binôme.
10. Manipulations en binôme
– Étiquettes collectives affichées au tableau. 10. Manipulations collectives

Sujets :

Le petit chat | Mon chat et mon chien | Mon frère et moi | Je | Vous | Lola et Marine | Lola

Groupes de verbes :

dorment sur le tapis. | jouons au loup. | jouez de la flute. | dort dans son panier. | partent demain en vacances. | suis chez ma grand-mère. | part chez sa copine.

Déroulement

Manipulations et recherches

• Procéder à un rapide rappel de la séance précédente.
• Distribuer un jeu d'étiquettes à chaque binôme et laisser les enfants lire silencieusement avant qu'ils ne découpent les étiquettes groupes sujets et groupes du verbe.
• Pendant ce temps, afficher les groupes au tableau en deux colonnes (sujets / verbes).
Les faire lire à haute voix.

Faire associer chaque groupe sujet au groupe du verbe qui lui convient.

Après un temps de recherche en binôme, procéder à une mise en commun à l'aide des grandes étiquettes : faire lire la première phrase à haute voix et inviter un élève à venir au tableau afficher sa proposition.

Pour corriger :

– laisser ressortir la pratique langagière usuelle ;

– faire préciser le nombre du sujet : « *Lola* (toute seule) *part chez sa copine.* », mais « *Lola et Marine partent demain en vacances.* »

Pour valider, penser à remplacer un groupe sujet par un pronom (exemple : « *Mon frère et moi jouons.* » car on peut dire « *Nous jouons.* »).

• Procéder de la même manière pour les autres phrases.

• Pour les changements qui ne s'entendent pas, faire observer et entourer les marques de l'écrit (« ent »).

• Faire conclure que le sujet et le verbe vont ensemble : on dit qu'ils s'accordent.

Synthèse, élaboration de la règle (mémo) et carte mentale

L'accord du verbe avec son sujet

C'est le sujet qui « commande » le verbe. Lorsque le sujet change, la forme du verbe change.
On dit que **le verbe s'accorde avec son sujet.**
Exemple : *Martin dort.* → *Martin et son frère* *dor**ment***.

L'accord du verbe avec son sujet peut s'entendre quand on parle.
Exemple : *J'**ai** un livre.* → *Vous **avez** un livre.*

Ou ne pas s'entendre mais s'écrire.
Exemple : *Papa chante.* → *Papa et maman chant**ent***.

10. Mémo

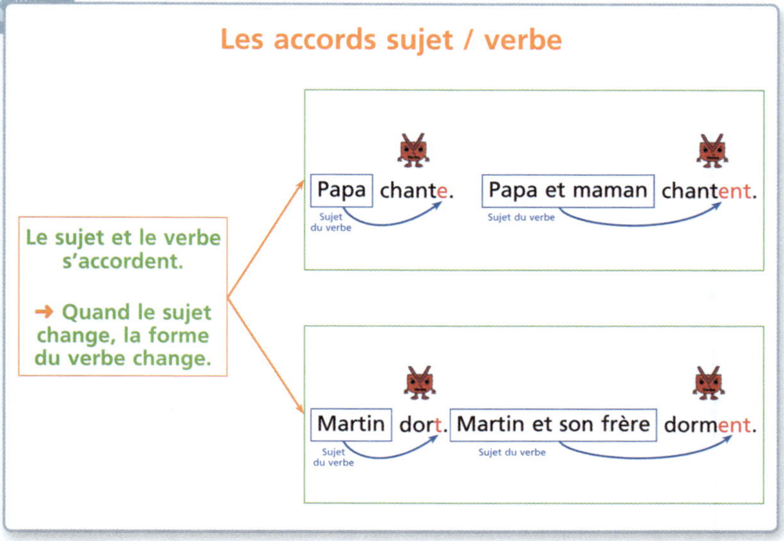

10. Carte mentale

Séances 4 et 5 | Exercices de systématisation et court projet d'écriture

Objectifs
- Mémoriser les notions essentielles.
- Réinvestir ses connaissances dans des exercices d'application.

Organisation Travail individuel, correction individuelle ou collective.

Matériel
- Photocopies de la fiche élève n° 10 et son corrigé.
  10. Fiche élève et 10. Fiche élève corrigée
- Cahier d'essai.

Compétences abordées :

Ex. 1 et 3 : Savoir associer un sujet et la forme verbale correspondante.
Ex. 2 : Savoir trouver une forme verbale qui s'accorde avec un sujet.
Ex. 4 et 5 : Savoir transformer des phrases et effectuer l'accord sujet / verbe.

10 Les accords sujet / verbe

Prénom : ....

Je m'entraine

1 Relie chaque sujet à son verbe. Attention aux accords.

Je •	• aime lire.
Joséphine •	• aiment jardiner.
Mes grands-parents •	• adore les dauphins.
Nous •	• chantons tous les soirs.
Ma sœur •	• suis malade.

2 Entoure la forme du verbe qui convient et recopie la phrase.

Anna portons / porte / portent la valise.

Anna et Jeanne porte / portez / portent la valise.

Ma sœur et moi va / allons / vont prendre l'avion.

3 Complète chaque phrase avec le sujet qui convient.

Rose / Rose et sa maman / il / ils

.... fait ses devoirs.

.... partent en vacances aujourd'hui.

10

.... achètent des fruits au marché.

.... plante des bulbes de tulipe.

4 Dans chaque phrase, souligne en rouge le verbe et en bleu son sujet puis récris ce texte en mettant les sujets au pluriel.

Le chien aboie. →

Le chat miaule. →

Le mouton bêle. →

5 Récris chaque phrase avec son nouveau sujet.

Sacha saute du plongeoir de la piscine.

Sacha et Léa

Nous aimons les bonbons.

Marine

Mes copains jouent au football.

Mon copain

J'écris

6 Tu viens de déménager et tu reçois du courrier d'une ancienne amie. Réponds à cette lettre sur ton cahier.

Coucou,
Comment vas-tu ? Est-ce que ta nouvelle ville te plait ?
Comment s'appelle ta nouvelle maitresse ?
Je fête bientôt mon anniversaire et je vous invite, ton frère et toi. Pouvez-vous venir ?
Gros bisous, à bientôt.
Emeline

Conjuguer les verbes du 1er groupe au présent

Programmes 2016, ajustements 2018 – Connaissances et compétences associées :
- Maitriser l'orthographe grammaticale de base.
- Identifier le radical et la terminaison du verbe.
- Trouver l'infinitif d'un verbe conjugué.
- Mémoriser le présent pour les verbes du 1er groupe.

Séance 1 | Lecture et compréhension du texte

Objectifs	– Comprendre un texte. – Lire à haute voix. – Découvrir la conjugaison du verbe « jouer » au présent et le sens des pronoms personnels de conjugaison.
Organisation	Travail collectif et individuel.
Matériel	– Photocopie individuelle du texte *La partie de foot.* 11. Texte – Facultatif : le même texte reproduit ou vidéoprojeté collectivement au tableau.

Déroulement

La partie de foot
« Je joue au foot, tu joues avec moi ? demande Samuel à son grand frère Olivier.
– D'accord ! Fais-moi une passe, répond Olivier.
– Oh non… gémit Samuel qui aperçoit la petite voisine. Regarde, Amélie arrive, elle va encore vouloir jouer avec nous et elle joue trop mal !
– Normal, c'est une fille ! ajoute Olivier.
Leur maman s'approche :
– Qu'est-ce que j'entends ? Les filles jouent mal au football ?
C'est ce que nous allons voir ! Moi aussi je joue ! Vous, les garçons, vous jouez ensemble et nous, les filles, nous jouons contre vous.
La partie est commencée !
– À l'attaque ! » dit Maman en se précipitant vers le ballon.
Elle fait une passe à Amélie qui s'empresse de marquer un but !

• Faire lire silencieusement le texte.

• Questionner les élèves pour contrôler la compréhension :
Où se passe l'histoire ? De qui parle-t-on ?
Combien y a-t-il de personnages dans le texte ?
Que se passe-t-il ? Que veut prouver Maman ?

• Faire une lecture magistrale expressive.

• Organiser une lecture « dialoguée » : désigner 4 élèves (Samuel, Olivier, Maman et un narrateur).

• Faire relire la 1re phrase : « **Je** joue au foot, **tu** joues avec moi ? »
Faire préciser qui dit « Je » (Samuel) et qui es « tu » (Olivier).

• De la même manière, faire préciser qui est « elle » dans la phrase « elle joue trop mal » (Amélie).

– Qui est « vous » dans la phrase « **vous** jouez ensemble » ? Y a-t-il une ou deux personnes ? (les garçons, Samuel et Olivier).

– Qui sont « nous » et « vous » dans la phrase « **Nous** jouons contre **vous**. » ? (nous → les filles, contre vous → les garçons).

Séance 2 | Découverte de la notion

Objectifs
- Comprendre ce que signifie conjuguer un verbe.
- Distinguer la partie fixe (radical) de la terminaison d'un verbe.
- Découvrir les terminaisons des verbes en ER conjugués au présent.

Organisation Travail collectif et individuel.

Matériel
- Texte *La partie de foot* photocopié pour chaque élève. 11. Texte
- Une feuille ou cahier de brouillon individuel.
- Une ardoise individuelle et le matériel associé.
- Colliers-figurines (verbe et pronom personnel).
- Étiquettes-mots collectives. 11. Mise en scène

je	tu	il	nous	vous	ils	elle	elles
joue	joues	joue	joue	jouons	jouez	jouent	jouent

Déroulement

Rappel de la séance précédente

Faire une lecture magistrale du texte en marquant bien l'intonation.

Mise en scène

Première étape

• Faire rappeler le texte « *La partie de foot* » et demander à 4 enfants de venir au tableau pour « jouer » chacun un personnage. Distribuer les rôles : Olivier, Samuel, Amélie et leur mère.

Demander à l'enfant qui joue le rôle de Samuel de dire ce qu'il fait dans le texte : « ***Je joue*** *au football* ».

Faire valider par le groupe classe le choix du pronom personnel employé et la forme verbale associée.

Faire trouver le temps et l'infinitif du verbe employé et l'écrire en haut du tableau avec la figurine associée.

Demander à Samuel de dire la même chose mais en s'adressant à son frère. Il dit : « ***Tu joues*** *au foot.* ». Adopter la même démarche pour les phrases suivantes :

– Samuel dit en parlant de sa voisine : « *Elle joue au foot.* »

– La maman dit aux garçons : « *Vous jouez au foot.* »
– La maman dit à la voisine : « *Nous jouons au foot ensemble.* »
– Les garçons disent en parlant des filles : « *Elles jouent au foot.* »

• Renvoyer les « acteurs » à leur place.

• Faire rappeler qu'à chaque fois, il s'agit du verbe « jouer » qui est conjugué avec un pronom personnel sujet différent.

• Rappeler oralement les différentes formes verbales « je joue, tu joues, elle joue, nous jouons, vous jouez, elles jouent ».

• Faire remarquer que les seuls changements entendus à l'oral sont « nous jouons » et « vous jouez », avec les autres pronoms personnels sujets, on entend toujours la même chose « je joue, tu joues, elle joue, elles jouent ».

• Faire rappeler que certains changements ne s'entendent pas à l'oral mais se voient à l'écrit.

• Expliquer aux élèves qu'ils vont devoir rechercher dans leur texte l'écriture des différentes formes verbales.

• Faire sortir les ardoises.

Demander aux élèves de rechercher dans leur texte la forme verbale « je joue » et de l'écrire sur leur ardoise.

Faire lever les ardoises pour valider.

Écrire la forme verbale correcte au tableau.

Adopter la même démarche pour les formes « tu joues », « elle joue », « elles jouent ».

Faire relire à haute voix les quatre formes verbales.

Faire conclure que les changements qui ne s'entendent pas constituent une difficulté et qu'il est donc important d'étudier comment se conjuguent des verbes pour les écrire correctement.

Deuxième étape

• Distribuer les étiquettes.

• Faire venir au tableau les élèves pour former les trois formes verbales « je joue, tu joues, il ou elle joue ».

• Faire valider la bonne orthographe par le groupe classe.

• Demander aux élèves de chercher dans ces différentes formes du verbe la partie commune (le morceau de mot qui ne change pas), puis faire apparaitre la partie de mot « jou » en faisant cacher avec la main le reste du mot.

• Demander à un élève de couper l'étiquette pour séparer les deux parties du verbe : « jou ... e / jou ... es / jou ... e ». Chaque enfant tient donc d'une main le radical et de l'autre la terminaison (la terminologie « radical » n'est pas nécessaire à ce stade).

• Écrire « jouer » au tableau et encadrer cette partie de mot dans le verbe à l'infinitif : [jou]er.

• Afficher au tableau les morceaux d'étiquettes sur trois colonnes :

je	jou	e
tu	jou	es
il	jou	e

• Faire rappeler que « *je*, *tu*, *ils* » etc. s'appellent des « Pronoms personnels » et afficher la figurine PP au-dessus de la 1re colonne.

• Appeler six autres élèves et procéder de la même manière pour les personnes du pluriel (nous / vous / ils ou elles).

• Faire découvrir que :

– Pour trouver la partie qui ne change pas, on prend l'infinitif du verbe et on retire « ER ».

– La partie qui change et qui termine le verbe s'appelle « la terminaison ».

• Faire entourer en rouge les terminaisons au tableau et les faire relire.

• À ce stade, faire conclure que, lorsque le pronom personnel sujet du verbe change, la terminaison du verbe change : on parle de conjugaison.

Appropriation individuelle

Demander aux élèves de copier sur leur cahier d'essai la conjugaison complète du verbe « Jouer » au présent.

Conserver la conjugaison du verbe « jouer » sur une affiche pour la séance suivante.

Séance 3 | Construction de la notion

Objectifs
- Conjuguer un verbe en ER au présent.
- Percevoir la régularité dans la conjugaison des verbes en ER au présent.

Organisation Travail de recherche en binôme puis travail collectif.

Matériel
- Affiche de conjugaison du verbe « jouer » au présent (séance précédente).
- 1 feuille de recherche par binôme.
- Une photocopie des étiquettes par binôme.
  11. Manipulations en binôme
- Le même jeu d'étiquettes reproduit en grand pour la correction au tableau.
  11. Manipulations collectives

Groupe 1 :	e	es	e	ons	ez	ent	er	é	ont	es	ent
	chanter										
Groupe 2 :	e	es	e	ons	ez	ent	er	é	ont	es	ent
	parler										
Groupe 3 :	e	es	e	ons	ez	ent	er	é	ont	es	ent
	marcher										

Déroulement

Manipulations et recherches

- Rappeler la séance précédente en faisant relire l'affiche du verbe « jouer ».
- Afficher la figurine PP à gauche du tableau et demander aux enfants de citer les pronoms personnels qui sont utilisés pour conjuguer un verbe. Les écrire au tableau, en colonne, au fur et à mesure, sous la figurine correspondante.
- Demander à un élève de montrer sur l'affiche, dans les formes verbales du verbe « jouer », la partie commune « **jou** » en masquant la terminaison (avec sa main ou une petite feuille de papier), puis faire masquer la partie commune pour isoler la terminaison. Faire lire à haute voix toutes les terminaisons.
- Afficher au tableau les étiquettes chanter parler marcher. Les faire lire à voix haute, faire préciser que ce sont des verbes à l'infinitif et afficher la figurine Verbe à l'infinitif associée.

• Expliquer aux élèves qu'ils vont devoir conjuguer ces 3 verbes au présent.

• Faire remarquer que tous ces verbes finissent par « ER » comme « jouer ». Indiquer que la conjugaison du verbe *jouer* servira de modèle car tous les verbes se terminant par ER se conjuguent de la même façon. Faire conjuguer oralement les trois verbes.

• Séparer la classe en 3 groupes, chacun chargé de la conjugaison d'un verbe.

• Faire distribuer la feuille de recherche aux binômes de chaque groupe.

• Expliquer aux élèves qu'ils doivent compléter la conjugaison du verbe en utilisant les étiquettes :

1) Faire découper les étiquettes-verbes. Puis dans chacune d'elle faire découper la partie commune et la faire coller dans le cadre.

2) Faire découper les étiquettes des terminaisons et faire compléter la conjugaison du verbe en collant les terminaisons au bon endroit (préciser qu'il y a des étiquettes inutiles).

• Faire reformuler, éventuellement donner un exemple.

• Laisser un temps suffisant de recherche, circuler entre les groupes et apporter de l'aide si nécessaire.

• Procéder à une mise en commun au tableau.

Les élèves de chaque groupe dictent, à tour de rôle, les formes verbales, en épelant les terminaisons. L'enseignant les écrit lisiblement au tableau.

À la fin de la conjugaison de chaque verbe, un élève vient relire et entourer en rouge les terminaisons.

• Faire relire verticalement la conjugaison au présent des verbes « *chanter* », « *parler* », « *marcher* », en faisant épeler les terminaisons.

Exemple : « je parle -*e*, tu parles -*es* », etc.

• Faire relire horizontalement : « je chante -*e*, je parle -*e*, je marche -*e*, tu chantes -*es*, tu parles -*es*, tu marches -*es* », etc.

Synthèse, élaboration de la règle (mémo) et carte mentale

Conjuguer les verbes en ER au présent

Lorsque le pronom personnel sujet du verbe change, la terminaison (la fin) du verbe change : on parle de conjugaison.
Au présent, tous les verbes en ER se conjuguent de la même façon :

CHANT**ER**		JOU**ER**		PARL**ER**	
je	chant**e**	je	jou**e**	je	parl**e**
tu	chant**es**	tu	jou**es**	tu	parl**es**
il / elle	chant**e**	il / elle	jou**e**	il / elle	parl**e**
nous	chant**ons**	nous	jou**ons**	nous	parl**ons**
vous	chant**ez**	vous	jou**ez**	vous	parl**ez**
ils / elles	chant**ent**	ils / elles	jou**ent**	ils / elles	parl**ent**

11. Mémo

	 CHANTER	 JOUER
je	je chant**e**	je jou**e**
tu	tu chant**es**	tu jou**es**
il / elle	il / elle chant**e**	il / elle jou**e**
nous	nous chant**ons**	nous jou**ons**
vous	vous chant**ez**	vous jou**ez**
ils / elles	ils / elles chant**ent**	ils / elles jou**ent**

11. Tableau de conjugaison

Séances 4 et 5 | Exercices de systématisation et court projet d'écriture

Objectifs	– Mémoriser les notions essentielles. – Réinvestir ses connaissances dans des exercices d'application.
Organisation	Travail individuel, correction individuelle ou collective.
Matériel	– Photocopies de la fiche élève n° 11 et son corrigé. 11. Fiche élève et 11. Fiche élève corrigée – Cahier d'essai.

Compétences abordées :

Ex. 1 : Savoir associer un sujet à une forme verbale au présent.

Ex. 2 : Au présent de l'indicatif, savoir trouver l'accord du verbe en fonction d'un sujet.

Ex. 3 : Savoir trouver le pronom qui s'accorde avec une forme verbale.

Ex. 4 : Savoir trouver la forme verbale qui s'accorde avec le sujet.

Ex. 5 : Savoir transformer des phrases et effectuer l'accord sujet / verbe au présent.

11 Conjuguer les verbes du 1er groupe au présent

Prénom : ....

Je m'entraine

1 Relie chaque sujet à son verbe. Attention aux accords.

Je •	• dansez très bien !
Marion •	• range la bibliothèque.
Mes parents •	• marchent beaucoup.
Vous •	• nageons tous les mercredis.
Nous •	• chantes faux.
Tu •	• mange un sandwich.

2 Entoure la forme du verbe qui convient et récris la phrase.

Camille gonfles / gonflent / gonfle ses pneus de vélo.

Nous étalent / étalons / étales la peinture sur le mur.

Les enfants ramasse / ramasses / ramassent des coquillages.

3 Complète chaque phrase avec le pronom personnel qui convient.

.... regardes par la fenêtre.

.... rangent la salle de classe.

.... achètent des bonbons.

.... aimez lire des contes.

.... marchez très vite.

.... jouons au basket.

.... coupe les cheveux de ta sœur.

.... écoutes les bruits de la rue.

11

4 Complète les phrases en conjuguant le verbe écrit entre parenthèses.

Vous .... (chanter) tout le temps.

Ma maman et moi .... (préparer) un gâteau.

Ils .... (acheter) des fruits au marché.

Je .... (manger) beaucoup de bonbons.

Léa .... (danser) depuis qu'elle a trois ans.

Tu .... (parler) fort !

5 Récris les phrases en changeant de sujet.

Léo crève le ballon.

Léo et Marie

Nous préparons un dessert.

Tu

Vous aspergez d'eau les fleurs.

Nous

Les enfants rentrent dans la classe.

L'enfant

J'écris

6 Sur ton cahier, réponds à chaque question en faisant une phrase. Fais lire tes réponses à un camarade de ta classe pour que les autres élèves essaient de deviner qu'il s'agit de toi.

1. Par quelle lettre commence ton prénom ?
2. Quels vêtements portes-tu ?
3. Quel sport pratiques-tu ?
4. Dans quelle ville habitez-vous, tes parents et toi ?
5. Comment s'appellent tes parents ?

Conjuguer les verbes *être* et *avoir* au présent

Programmes 2016, ajustements 2018 – Connaissances et compétences associées :

- Maitriser l'orthographe grammaticale de base.
- Identifier le radical et la terminaison du verbe.
- Trouver l'infinitif d'un verbe conjugué.
- Mémoriser le présent pour *être* et *avoir*.
- Mémoriser le présent pour les verbes du 1er groupe.

Séance 1 | Lecture et compréhension du texte

Objectifs
- Comprendre un texte.
- Lire à haute voix.
- Se familiariser avec la conjugaison des verbes *être* et *avoir*.
- Remplacer le groupe du nom, sujet du verbe, par le pronom personnel sujet.

Organisation
Travail collectif et individuel.

Matériel
- Photocopie individuelle du texte *En retard...* 12. Texte
- Facultatif : le même texte reproduit ou vidéoprojeté collectivement au tableau.

Déroulement

En retard…
Ce matin, Marie est en retard à l'école. Tous ses camarades sont déjà assis à leur place. Marie est timide, elle n'ose pas frapper à la porte de la classe ; elle a peur de se faire gronder.
La petite fille a les larmes aux yeux.
Elle attend devant la porte. La maitresse est au tableau.
Elle ne voit pas la fillette.
Au même instant, la directrice passe dans le couloir, elle aperçoit Marie :
– Tu es en retard ce matin, pour quelle raison ? demande-t-elle.
Marie ne réussit pas à parler.
Heureusement, la directrice est gentille… elle ouvre la porte de la classe en disant :
– Cela peut arriver à tout le monde d'être en retard, ne t'inquiète pas et va t'asseoir à ta place.
Marie a les joues rouges ! Elle s'excuse timidement et va vite rejoindre ses camarades.

- Faire lire silencieusement le texte.
- Questionner les élèves pour contrôler la compréhension :

De qui parle-t-on ? Combien y a-t-il de personnages dans le texte ? Que fait chacun d'eux ?

- Faire une lecture magistrale expressive.
- Organiser une lecture « poursuite » pour la première partie du texte jusqu'à « *Elle aperçoit Marie* ».

Désigner autant d'élèves que de phrases et fixer l'ordre de passage. À tour de rôle – sans le signal de l'enseignant –, chaque enfant doit lire à haute voix une seule phrase du texte.

Le 1er élève lit la première phrase, le deuxième élève désigné lit la deuxième phrase, puis le troisième lit la phrase suivante, etc.

Puis faire lire la fin du texte en lecture « dialoguée » (Marie, la directrice et le narrateur).

- Énoncer la phrase « *Marie est en retard.* » et la faire reformuler en remplaçant le nom « Marie » (sujet du verbe) par le pronom personnel sujet (personne de conjugaison). → « *Elle est en retard* ».

Poursuivre de la même manière avec les phrases suivantes :

***Ses camarades** sont assis. / **La maitresse** est au tableau. / **La directrice** est gentille. / **Marie** a peur. / **La petite fille** a les larmes aux yeux. / **Marie** a les joues rouges.*

Séance 2 | Découverte de la notion

Objectifs – Identifier les formes verbales des verbes *être* et *avoir* dans une phrase.

Organisation Travail collectif.

Matériel
- Texte *En Retard...* photocopié pour chaque élève. 12. Texte
- Collier-figurine (verbe).
- Un crayon rouge par élève.
- Étiquettes-mots collectives. 12. Mise en scène

Marie | est | en | retard. | Tous | ses | camarades | sont | assis. | La | maitresse | est | au | tableau. | La | directrice | est | gentille. | La petite fille | a | peur. | Elle | a | les | larmes | aux | yeux. | timide | tu | es

Déroulement

Rappel de la séance précédente

Faire une lecture magistrale du texte en marquant bien l'intonation.

Mise en scène

- Distribuer les étiquettes-mots et les faire lire aux enfants.
- Énoncer la phrase « *Marie est timide.* » et faire venir au tableau les enfants qui possèdent les bonnes étiquettes pour former la phrase.
- Faire rappeler ce qu'est un verbe – un mot qui exprime le plus souvent une action – et demander aux élèves de donner des exemples.
- Faire identifier le verbe de la phrase en utilisant la forme négative : « *Marie n'est pas timide.* »

Donner un collier-figurine à l'élève portant le verbe puis faire identifier le sujet.

Demander aux enfants s'il est possible de mimer le verbe.

Faire remarquer que le verbe « est » n'exprime pas une action mais un « état », il explique comment est Marie, dans quel état elle est.

Donner l'infinitif du verbe et l'écrire au tableau : *être*.

- Utiliser la même démarche pour les phrases suivantes :

« Tous ses camarades sont assis. » / « Tu es en retard. »

Faire relire dans le texte les trois phrases étudiées, faire souligner le verbe « *être* » conjugué et écrire au-dessus qu'il s'agit du verbe *être*.

• Utiliser la même démarche pour le verbe « avoir » avec les phrases suivantes :

« La petite fille a les larmes aux yeux. » / « Elle a peur. »

Faire relire dans le texte les deux phrases étudiées, faire souligner le verbe *avoir* conjugué et écrire au-dessus qu'il s'agit du verbe *avoir*.

• Faire émerger qu'il existe des verbes qui n'expriment pas des actions. Parmi eux, ceux que l'on utilise le plus sont les verbes *être* et *avoir*.

Appropriation individuelle

Faire chercher dans le texte deux autres phrases : une avec le verbe *être* et une avec le verbe *avoir*. Les faire copier sur le cahier, faire souligner les verbes en rouge et faire écrire leur infinitif.

Corriger collectivement et oralement. Faire trouver d'autres phrases.

Exemples :

Être → « La directrice est gentille. », « La maitresse est au tableau. », « Marie est en retard. »

Avoir → « Marie a les joues rouges. », « Elle a peur. »

Séance 3 | Construction de la notion

Objectifs
- Conjuguer oralement et par écrit les verbes *être* et *avoir* au présent de l'indicatif.

Organisation
Travail en binôme puis collectif.

Matériel
- Texte *En retard...* déjà étudié dans la séance 1. 12. Texte
- Un jeu d'étiquettes-verbes et deux tableaux à compléter par binôme.
12. Manipulations en binôme

Verbes : ai | as | a | avons | avez | ont | suis | es | est | sommes | êtes | sont

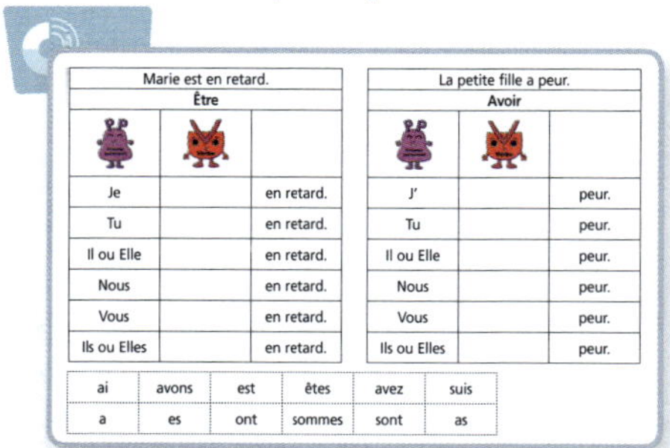

Marie est en retard. Être		
Je		en retard.
Tu		en retard.
Il ou Elle		en retard.
Nous		en retard.
Vous		en retard.
Ils ou Elles		en retard.

La petite fille a peur. Avoir		
J'		peur.
Tu		peur.
Il ou Elle		peur.
Nous		peur.
Vous		peur.
Ils ou Elles		peur.

ai	avons	est	êtes	avez	suis
a	es	ont	sommes	sont	as

Déroulement

Manipulations et recherches

• Faire relire la première phrase du texte « *Ce matin, Marie est en retard à l'école.* ».
• Demander aux élèves à quel moment se passe l'histoire (au présent), leur demander de justifier leur réponse en utilisant le connecteur temporel « Ce matin ».
• Écrire au tableau les phrases « Marie est en retard. » / « La petite fille a peur. »
Faire identifier les verbes, les faire souligner en rouge et faire écrire V au-dessus.
Faire rappeler les infinitifs des formes verbales « est » et « a ».
Écrire au tableau sur deux colonnes « verbe *être* » et « verbe *avoir* ».
• Distribuer les tableaux de conjugaison vierges. Faire découper les étiquettes.
Pendant ce temps, reproduire au tableau les deux tableaux de conjugaison à compléter (*être* et *avoir*).

Verbe *être*

• Faire relire la phrase « *Marie est en retard.* »
• Demander aux enfants répartis en binômes de transformer la phrase pour parler de soi (« *Je suis en retard.* »).
Faire répéter la phrase oralement et demander aux élèves de l'écrire en collant leurs étiquettes dans le tableau.
Organiser une correction immédiate : écrire la phrase au tableau dans la colonne du verbe *être*.
Faire rappeler que « je » est un pronom personnel.
• Demander alors aux enfants de compléter le reste du tableau en associant la forme du verbe *être* à chaque pronom personnel.
Laisser les enfants rechercher, circuler dans les groupes pour observer et écouter ce qui pose problème et apporter une aide si nécessaire.
• Procéder à une mise en commun : recueillir les différentes propositions des élèves et compléter le tableau de conjugaison.
Faire contrôler l'orthographe (*es / est*) en utilisant le texte.
Lorsque le travail est terminé, dire aux enfants qu'ils viennent de « conjuguer le verbe *être* au présent ». On obtient :

Marie est en retard.		
Être		

Je	suis	en retard.
Tu	es	en retard.
Il ou Elle	est	en retard.
Nous	sommes	en retard.
Vous	êtes	en retard.
Ils ou Elles	sont	en retard.

Verbe *avoir*

• Demander aux enfants de faire le même travail à partir de la phrase « *La petite fille a peur.* », c'est-à-dire de conjuguer le verbe *avoir* au présent.

• Adopter la même démarche que pour le verbe *être*. Faire contrôler l'orthographe *a / as* en utilisant le texte.

À la fin de la manipulation, on obtient le tableau :

La petite fille a peur.		
Avoir		

J'	ai	peur.
Tu	as	peur.
Il ou Elle	a	peur.
Nous	avons	peur.
Vous	avez	peur.
Ils ou Elles	ont	peur.

• Faire relire par plusieurs élèves les verbes *être* et *avoir* conjugués au présent.

• Faire remarquer les similitudes : « tu es / tu as » avec la présence de la lettre « s » et « ils sont / ils ont » avec la présence de la lettre « t ».

Synthèse, élaboration de la règle (mémo) et carte mentale

Le présent

Verbe *avoir* conjugué au présent		**Verbe *être* conjugué au présent**	
j'	ai	je	suis
tu	as	tu	es
il ou elle	a	il ou elle	est
nous	avons	nous	sommes
vous	avez	vous	êtes
ils ou elles	ont	ils ou elles	sont

12. Mémo

	ÊTRE	AVOIR
je	je suis	j' ai
tu	tu es	tu as
il / elle	il / elle est	il / elle a
nous	nous sommes	nous avons
vous	vous êtes	vous avez
ils / elles	ils / elles sont	ils / elles ont

12. Tableau de conjugaison

Séances 4 et 5 | Exercices de systématisation et court projet d'écriture

Objectifs
- Mémoriser les notions essentielles.
- Réinvestir ses connaissances dans des exercices d'application.

Organisation Travail individuel, correction individuelle ou collective.

Matériel
- Photocopies de la fiche élève n° 12 et son corrigé.
  12. Fiche élève et 12. Fiche élève corrigée
- Cahier d'essai.

Compétences abordées :

Ex. 1 : Savoir trouver le pronom personnel sujet qui s'accorde avec les verbes conjugués.
Ex. 2, 3 et 4 : Connaitre et utiliser les formes conjuguées des verbes *être* et *avoir*.
Ex. 5 et 6 : Savoir transformer des phrases en accordant le sujet et sa forme verbale.

12 Conjuger les verbes *être* et *avoir* au présent

Prénom : ....

Je m'entraine

❶ Complète les phrases avec le pronom personnel qui convient.

.... ai mal à la tête.
.... suis souvent malade.
.... est en retard.
.... sommes en vacances.
.... avez sûrement raison.
.... ont une grande maison.
.... as une jolie robe.
.... avons un exercice à faire.
.... êtes en retard.
.... a huit ans.
.... es trop bavard.

❷ Complète les phrases en conjuguant le verbe écrit entre parenthèses.

Nous .... (être) amis avec les voisins.
Ils .... (être) charmants.
Ils .... (avoir) un petit chien.
Il .... (avoir) toujours faim.
Il .... (être) très gourmand.
Nous .... (avoir) une nouvelle maitresse.

❸ Complète avec *a / as / es / est.*

Mon grand-père .... fatigué. Il .... très âgé. Il .... mal au dos.
Tu .... en bonne santé. Tu .... bonne mine.
Ma sœur .... les yeux bleus. Elle .... des nattes. Elle .... jolie.
Tu .... les mains sales.

❹ Relie d'un trait le sujet et le verbe qui correspondent.

Elle •	• as	
Vous •	• a	peur.
Tu •	• avez	
Tu •	• sont	
Mes parents •	• est	en retard.
Mon frère •	• es	

❺ Récris les phrases avec le nouveau pronom personnel.

Vous avez envie de rire . → Tu
Nous sommes dans le train. → Je
J'ai un chat noir. → Nous
Tu es chez le coiffeur. → Vous

❻ Récris les phrases en changeant de sujet.

Gaston est de bonne humeur.
Gaston et Félix

Le loup a de grands crocs.
Les loups

Mes frères sont absents.
Mon frère

J'écris

❼ Sur ton cahier, écris une phrase pour répondre à chaque question. Utilise les verbes *être* et *avoir*.

Quel âge as-tu ?
Où es-tu en ce moment ?
En quelle classe es-tu ?
Où sont tes parents ?
Avez-vous un animal ?
Quelle heure est-il ?

Le nom

Programmes 2016, ajustements 2018 – Connaissances et compétences associées :

- Reconnaitre les principaux constituants de la phrase :
  - le sujet
  - le verbe
- Différencier les principales classes de mots :
  - le nom
  - l'article défini, l'article indéfini
  - l'adjectif
- Reconnaitre le groupe nominal

Séance 1 | Lecture et compréhension du texte

Objectifs
- Comprendre un texte.
- Lire à haute voix.
- Repérer les différentes phrases.
- Se familiariser avec les mots qui désignent une personne, un animal, une chose, un lieu.

Organisation Travail collectif et individuel.

Matériel
- Photocopie individuelle du texte *Pas de chance !* 13. Texte
- Facultatif : le même texte reproduit ou vidéoprojeté collectivement au tableau.

Déroulement

Pas de chance !
Tous les mercredis, Eliott va à la piscine.
Ce matin, il est en retard.
Eliott se rend en vitesse chez son meilleur copain, il voit un gros chien dans le jardin, mais son copain est déjà parti !
Le petit garçon saute sur son vélo, mais, pas de chance, le pneu est crevé !
Alors, Eliott se met à courir très vite. Il arrive enfin, tout essoufflé, devant la porte vitrée… et là, il découvre une grande affiche.
Il la lit avec étonnement : « Aujourd'hui, la piscine est fermée. »

- Faire lire silencieusement le texte.
- Questionner les élèves pour contrôler la compréhension :

De qui parle-t-on ? Que fait-il ?

- Faire relire, expliquer et justifier le titre « *Pas de chance !* ».
- Faire une lecture magistrale expressive.
- Faire lire à haute voix par un ou deux élèves.
- Faire trouver dans le texte des mots qui répondent aux définitions suivantes :

– Il a deux roues : « *un vélo* ».
– Quand il est crevé, le vélo ne peut plus rouler : « *un pneu* ».
– On peut la fermer et l'ouvrir : « *la porte* ».
– On aime bien jouer avec lui : « *son meilleur ami* ».
– Eliott n'est pas une fille, c'est : « *un garçon* ».
– C'est un grand bassin rempli d'eau : « *la piscine* ».
– C'est un endroit où l'on plante des fleurs et des légumes : « *le jardin* ».
– Il a quatre pattes, il aboie : « *un chien* ».

Séance 2 | Découverte de la notion

Objectifs	– Identifier le nom au sein du groupe nominal.
Organisation	Travail collectif et individuel.
Matériel	– Texte *En Retard...* photocopié pour chaque élève. – Même texte photocopié pour chaque élève. 13. Texte – Cahier de recherche. – Les colliers-figurines du nom. – Étiquettes-mots collectives. 13. Mise en scène Eliott / voit / un / gros / chien Le / petit / garçon / saute / sur / son / vélo Il / découvre / une / grande / affiche va / à / la / piscine

Déroulement

Rappel de la séance précédente

Faire une lecture magistrale du texte en marquant bien l'intonation.

Mise en scène

• Distribuer les étiquettes-mots et les faire lire silencieusement.

• Faire venir au tableau les élèves qui possèdent les étiquettes-mots pour former la phrase : « *Eliott voit un gros chien.* »

Poser la question « Que voit Eliott ? » pour faire isoler le groupe nominal « un gros chien ».

Faire supprimer successivement les mots « un », « gros » et « chien » (l'enfant qui tient l'étiquette correspondante se baisse) et faire relire à chaque fois la phrase formée. Faire conclure que le mot « gros » n'est pas indispensable dans le groupe, il peut être supprimé et la phrase reste compréhensible. Alors que les mots « un » et « chien » sont, eux, indispensables.

• Adopter la même démarche pour les phrases suivantes :

– ***Le petit garçon*** *saute sur son vélo.*

– *Il découvre* ***une grande affiche****.*

– *Eliott va à* ***la piscine***.

• Récupérer les étiquettes des mots :

un	chien	le	garçon	une	affiche	la	piscine

• Appeler au tableau 8 élèves et leur donner ces étiquettes. Leur demander de se donner la main pour reformer 4 groupes : un chien / le garçon / une affiche / la piscine.

Expliquer que les mots « *chien* » « *garçon* », « *affiche* » et « *piscine* » s'appellent des noms.

Donner un collier-figurine à chaque enfant porteur d'un nom et faire préciser que « chien » est un nom d'animal, « garçon » un nom de personne, « affiche » un nom de chose et « piscine » un nom de lieu.

Dire que le nom est très souvent accompagné d'un petit mot placé devant lui (c'est un compagnon) : *un / le / une*.

Appropriation individuelle

• Faire sortir les cahiers de recherche. Pendant ce temps, tracer au tableau trois colonnes et coller en haut de chacune d'elle les étiquettes

un chien	le garçon	une affiche

Demander aux élèves de chercher et d'écrire d'autres noms (accompagnés d'un petit mot) désignant un animal, une personne, une chose et un lieu.

• Recueillir les différentes propositions. Faire valider par la classe et les écrire dans les colonnes.

Séance 3 | Construction de la notion

Objectifs
- Identifier un nom dans un groupe nominal.
- Distinguer un nom propre et un nom commun.
- Reconnaitre un nom dans une phrase et faire des commutations.

Organisation Travail de recherche en binôme et travail collectif.

Matériel
- Un jeu d'étiquettes par binôme. 13. Manipulations en binôme
- Le même jeu d'étiquettes collectives. 13. Manipulations collectives
- Figurines collectives (nom).

mon chat	la petite fille	une grosse araignée	
Victor	le garçon	le boulanger	ta fourchette
Paris	ma sœur	un lion féroce	mon couteau pointu
un grand jardin	Fantine		

Déroulement

Manipulations et recherches

Première étape

• Procéder à un rappel de la séance précédente : « *Comment s'appellent les mots qui désignent une personne, un animal, une chose, un lieu ?* »
Écrire au tableau « un nom », afficher la figurine correspondante.

• Distribuer un jeu d'étiquettes pour chaque binôme, les faire découper. Pendant ce temps, afficher les étiquettes collectives au tableau.

• Faire lire les groupes nominaux à haute voix.

• Demander aux élèves de découper le nom dans chaque groupe et de les mettre de côté sur leurs tables.

• Après un temps de recherche, procéder à une mise en commun :

Tracer 2 colonnes au tableau et désigner des élèves pour trier les noms en découpant les mots des étiquettes. On obtient :

	Mots qui ne sont pas des noms
chat	mon
fille	la
araignée	petite
…	…

Demander au groupe classe de valider les propositions en justifiant et en précisant à chaque fois s'il s'agit d'un nom de personne, d'animal, de chose, de lieu.

Faire relire l'ensemble des noms.

Demander aux enfants de mettre à l'écart sur leur table les noms qui commencent par une majuscule : *Fantine / Victor / Paris*.

Envoyer un élève faire le même travail au tableau.

• Faire justifier l'emploi de la majuscule et expliquer aux élèves que ces noms servent à désigner une personne précise, une ville... Ces noms commencent toujours par une majuscule : on les appelle des **noms propres**. Entourer en couleur l'ensemble des étiquettes et écrire au-dessus « Noms propres ».

Faire relire l'ensemble des autres noms.

Dire aux élèves qu'on les appelle des **noms communs**, entourer en couleur l'ensemble des étiquettes et écrire au-dessus « Noms communs ».

• Dans l'ensemble des noms communs, demander aux élèves de trier les noms qui désignent des animaux, des choses, des personnes, des lieux.

• Faire remarquer que généralement les noms propres ne sont pas accompagnés d'un petit mot (le, la, un, etc.).

Deuxième étape

• Écrire au tableau la phrase « *Le garçon saute sur son vélo* » et la faire lire à haute voix.

• La faire copier sur le cahier d'essai (ou sur l'ardoise).

• Faire rechercher les noms et les faire souligner.

• Corriger oralement et les souligner au tableau.

• Demander aux enfants d'écrire une nouvelle phrase en remplaçant le nom « garçon » par un autre nom. Puis une autre phrase en remplaçant le nom « vélo ».

Laisser un temps de recherche suffisant.

• Faire une mise en commun des productions en les faisant lire à haute voix.

• Faire valider en écrivant au tableau, pour analyser les phrases qui posent problème.
On obtient par exemple :
« Ma sœur / mon frère / Papa .... saute sur son vélo. »
Le garçon saute sur ..... son lit / son canapé / son copain. »

Synthèse, élaboration de la règle (mémo) et carte mentale

Le nom

Un nom est un mot qui désigne une personne, un animal, un lieu, une chose…
Le nom commun est un nom général : *fille, chat, ville, crayon*.

Il est toujours accompagné d'un petit mot. Ex. : **la** fille, **son** chat, **une** ville, **ton** crayon.

Le nom propre est un nom particulier : *Eliott, Paris*. Il commence toujours par une majuscule.

13. Mémo

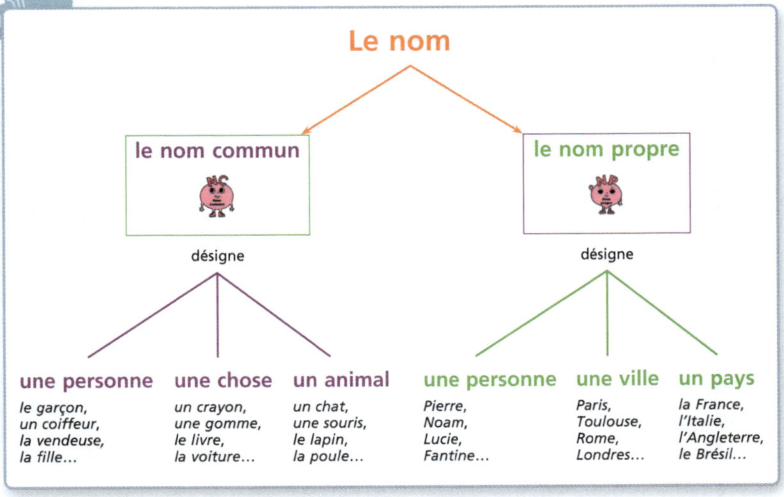

13. Carte mentale

Synthèse animée : pour compléter la synthèse, il est possible de présenter à la classe les petits films d'animation « Le nom » et « Le nom propre, le nom commun », réalisés par Canopé (les fondamentaux) et disponibles dans les ressources numériques.

© Canopé

13. Animation : Le nom

© Canopé

13. Animation : Le nom propre, le nom commun

Séances 4 et 5 | Exercices de systématisation et court projet d'écriture

Compétences abordées :

Ex. 1 : Savoir utiliser des noms pour compléter une phrase.
Ex. 2 et 3 : Savoir identifier les noms dans un groupe de mots et dans une phrase.
Ex. 4 : Savoir distinguer nom propre / nom commun.
Ex. 5 : Savoir distinguer un verbe d'un nom.
Ex. 6 : Comprendre la définition d'un nom.

13 Le nom

Prénom : ....

Je m'entraine

❶ **Complète le texte suivant avec les noms qui conviennent.**

film / Romain / billets / famille / parents / salle / lumière

Ce soir, ... et ses .... vont au cinéma.

En arrivant, papa prend les .... et toute la .... entre

dans la .... Au bout de quelques minutes, la .... s'éteint

et le .... commence.

❷ **Entoure le nom dans les groupes de mots.**

le petit ours	la vieille femme	un jouet cassé	un sapin magnifique
une belle maison	un gentil garçon	un chien méchant	une vieille voiture

❸ **Souligne les noms dans les phrases.**

Paris est la capitale de la France.	Mon frère joue de la guitare.
La chèvre broute dans le pré.	Le maçon construit un mur.

❹ **Écris pour chaque nom souligné** nom propre **ou** nom commun.

Ma sœur nage bien. →

Je joue avec Marion. →

Je pars en voyage en Espagne. →

Enzo joue à la poupée. →

13

❺ **Dans ces phrases, les mots en gras sont les mêmes. Entoure ceux qui sont des noms.**

La voisine **porte** son bébé.	Pierre ferme la **porte**.
Les vaches rentrent à la **ferme**.	Je **ferme** mon livre.
Mon chat m'a griffé la **joue**.	Marie **joue** dans la cour.

❻ **Écris un nom qui correspond à chaque définition.**

Un fruit jaune et acide :

Un ustensile de cuisine qui coupe :

L'endroit où tu dors :

Une personne qui fabrique du pain :

J'écris

❼ **Écris une définition pour chaque nom.**

raisin :

éléphant :

chaussures :

natation :

Le déterminant, les articles

Programmes 2016, ajustements 2018 – Connaissances et compétences associées :

- Reconnaitre les principaux constituants de la phrase :
  - le sujet
  - le verbe
- Différencier les principales classes de mots :
  - le nom
  - l'article défini, l'article indéfini
  - l'adjectif
- Reconnaitre le groupe nominal

Séance 1 | Lecture et compréhension du texte

Objectifs
- Comprendre un texte.
- Lire à haute voix.
- Se familiariser avec les petits mots qui accompagnent le nom.

Organisation Travail collectif et individuel.

Matériel
- Photocopie individuelle du texte *Le trésor.* 14. Texte
- Facultatif : le même texte reproduit ou vidéoprojeté collectivement au tableau.

Déroulement

Le trésor

Chloé est dans [sa] chambre, elle tient dans [les] mains une belle boite en métal rouge. [Son] frère arrive.

« Qu'est-ce que tu caches dans [cette] boite ? demande-t-il.

– C'est [mon] trésor !

– Je peux le voir ?

– D'accord, mais tu ne le diras à personne ?

– C'est promis ! dit Maxime.

Alors, très fière, Chloé sort de sa boite : une bague, [un] bracelet, une fève, [la] photo de son chat, [un] coquillage nacré, [le] collier de son chien, [une] guirlande dorée, [l'] oreille de son lapin en peluche.

– Et où caches-tu [ton] trésor ? demande Maxime.

– Ah ! ça je ne te le dirai pas ! C'est un secret ! » répond Chloé en emportant sa boite.

N.B. : Les mots encadrés sont remplacés par des cadres vides dans le texte à photocopier et à distribuer aux élèves.

• Faire lire silencieusement le texte.

• Faire constater qu'il manque des mots et demander ce que l'on peut comprendre malgré ces mots manquants.

• Questionner les élèves pour contrôler la compréhension :

Quels sont les personnages de l'histoire ? Que contient la boite ?

• Faire relire, expliquer et justifier le titre « Le trésor ».

• Faire relire le texte en demandant aux enfants d'essayer de trouver oralement les mots manquants. Faire constater qu'il existe plusieurs possibilités.

Séance 2 | Découverte de la notion

Objectifs
- Comprendre le rôle d'un déterminant.
- Identifier dans une phrase le déterminant, le nom et le verbe.

Organisation Travail collectif et individuel.

Matériel
- Texte à trous *Le trésor* photocopié pour chaque élève. 14. Texte
- Même texte reproduit au tableau (texte à trous).
- Colliers-figurines (nom commun et déterminant).
- Étiquettes-mots collectives. 14. Mise en scène

déterminants : sa | son | ta | mon | une | un × 2 | le | la | l' | ton | les | cette

intrus : il | elle | en | par | arrive | sort

noms : chambre | frère | boite | trésor | collier | photo | guirlande | oreille | mains | Chloé

Déroulement

Rappel de la séance précédente

- Faire une lecture magistrale du texte à trous en marquant bien l'intonation.
- Demander aux élèves de citer le nom de quelques objets contenus dans la boite de Chloé.
- Faire rappeler qu'un nom désigne une personne, un animal, une chose et qu'il est accompagné d'un petit mot.

Mise en scène

- Distribuer les étiquettes.
- Demander aux enfants qui possèdent l'étiquette d'un nom de lever la main et de lire leur nom à haute voix, les faire venir par groupes de trois au tableau.
- Donner à chacun un collier-figurine 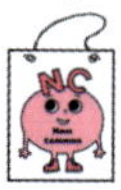

.
- Demander aux élèves qui pensent avoir un petit mot « compagnon du nom » qui convient de venir se placer devant le nom.

- Faire lire les différentes propositions.
- Faire valider par le groupe classe.
- Pour un nom, par exemple « chambre », faire remarquer que plusieurs petits mots peuvent convenir, mais qu'ils ne donnent pas la même information (« la » chambre, « sa » chambre, « ta » chambre).
- Justifier pour « l'oreille » l'utilisation de « l' » au lieu de « la ».
- Faire remarquer que le mot manquant se place toujours devant le nom : c'est un « compagnon du nom ». Dire que l'on appelle ce petit mot « **le déterminant** ». Écrire le mot « déterminant » au tableau.
- Donner le collier-figurine  à chaque enfant concerné et demander aux deux enfants de chaque couple de se donner la main (déterminant + nom).
- Après validation, coller les étiquettes-déterminants dans le texte du tableau.
- Faire venir trois autres élèves.

Procéder de la même manière pour la suite.

Faire relire le texte dans son intégralité pour vérifier sa cohérence.

Faire relire les petits mots qui ont été rajoutés.

Rappeler que ces mots s'appellent des **déterminants** : ce sont des petits mots qui se trouvent devant le nom et qui l'accompagnent.

Faire remarquer que les autres petits mots « il, elle, en, par » ne sont pas des déterminants.

Faire rappeler que « il » et « elle » sont des pronoms personnels sujets du verbe.

Appropriation individuelle

- Demander aux élèves de relire individuellement leur texte et de le compléter : faire écrire en vert les déterminants qui manquent et faire souligner le nom.
- Organiser une correction collective et orale.

Séance 3 | Construction de la notion

Objectifs
- Identifier un déterminant.
- Identifier les articles définis et les articles indéfinis.
- Comprendre que devant certains noms les déterminants *le* ou *la* deviennent *l'*.

Organisation Travail de recherche en binôme et travail collectif.

Matériel
- Colliers-figurines (déterminant, nom commun).
- Une ardoise individuelle et le matériel associé.
- Un jeu d'étiquettes par binôme. 14. Manipulations en binôme
- Le même jeu d'étiquettes agrandies. 14. Manipulations collectives

chien | vache | maison | un | ma | il | vélo | Émile | serviette
une | mon | elle | école | sœur | arbre | le | l' | son | Marine
peigne | copain | la | sa | ta

Déroulement

Manipulations et recherches

Manipulation

• Procéder à un rappel de la séance précédente : « *À quelle classe de mots appartiennent les petits mots qui se trouvent devant le nom ?* »

• Écrire au tableau « *les déterminants* », afficher le collier-figurine D.

• Afficher le collier-figurine Nom commun à côté.

• Distribuer à chaque binôme un jeu d'étiquettes et les faire lire à haute voix.

Faire observer que cette liste contient deux sortes de mots : des noms et des déterminants.

• Faire découper les étiquettes.

Pendant ce temps, afficher les étiquettes collectives au tableau.

• Demander aux élèves de placer devant chaque nom un déterminant qui convient.

• Laisser les enfants rechercher puis procéder à une mise en commun au tableau.

• Faire trouver tous les déterminants qui peuvent convenir pour un même nom et les afficher en permutant. Exemple : *le chien*, *un chien*, *mon chien*.

• Faire éliminer les intrus en faisant justifier (*il*, *elle* sont des pronoms personnels).

• Retirer toutes les étiquettes à l'exception de : chien maison vélo serviette le la un une.

Afficher le chien puis un chien.

Faire lire à haute voix et demander aux enfants quelle différence ils perçoivent entre ***le*** *chien* et ***un*** *chien*.

un *chien → on ne sait rien du chien dont on parle (ex : un chien aboie)*

le *chien → on sait de quel chien on parle (ex : le chien de la voisine)*

Poursuivre de la même manière en comparant la maison et une maison, le vélo et un vélo, la serviette et une serviette.

Conclure en expliquant que, dans la grande classe des déterminants, on trouve les mots *un-une-des* que l'on appelle des articles indéfinis, et les mots *le-la-les* que l'on appelle des articles définis.

• Faire rappeler que, devant certains noms, *le* et *la* deviennent *l'*.

Exemples : On dit « *l'école* » et non pas « *la école* », « *l'oiseau* » et non pas « *le oiseau* », « *l'histoire* » et non pas « *la histoire* ».

Conseil

Dans les lectures des enfants lors d'autres activités de français, ne pas manquer de faire remarquer les articles élidés ou contractés (lorsque les articles *le* et *les* sont précédés de *à* ou *de*, ils sont remplacés par des articles contractés : « *Nous allons au cinéma.* » et non « à le cinéma »).

Appropriation individuelle

• Faire sortir l'ardoise. Pendant ce temps, écrire au tableau la phrase

« *Marine cherche son peigne.* »

• Faire souligner en rouge le mot « cherche » et faire rappeler sa nature (c'est le verbe → « chercher ») afficher la figurine au-dessus.

• Faire identifier la nature des mots « *Marine* », « *son* », « *peigne* » et envoyer un élève afficher les figurines correspondantes sous les mots.

Marine <u>cherche</u> son peigne.

• Demander aux élèves d'écrire sur l'ardoise le groupe nominal « son peigne » et de chercher d'autres déterminants pour remplacer « son ». Demander aux enfants d'entourer les déterminants qui sont des articles.

Ex. : son peigne, **le** peigne, ton peigne, ce peigne, **un** peigne.

• Faire lever les ardoises pour recueillir les différentes propositions, les faire valider et les écrire au tableau en colonne sous le déterminant « son ». Faire entourer les articles.

Synthèse, élaboration de la règle (mémo) et carte mentale

Le déterminant

Un déterminant est un petit mot qui se place devant le nom.
Exemple : ***ma*** *sœur,* ***un*** *chien,* ***le*** *peigne*.

Généralement, on ne met pas de déterminant devant un nom propre.
Exemple : *Victor*, *Paris*, *Marine*. Mais on dit : *la France*, *le Brésil*, etc.

Devant certains noms, *le* et *la* se transforment en *l'*.
Exemple : *l'école, l'arbre, l'histoire*.

Dans la classe des déterminants, il y a :
– les articles définis *le* – *la* – *les*
– les articles indéfinis *un* – *une* – *des*.

14. Mémo

Le déterminant

- **C'est un petit mot qui accompagne le nom.**
- **Il est toujours placé devant le nom.**

ma *sœur* *un* *chien* *ce* *livre*

articles définis : *la* – *le* – *les*
articles indéfinis : *un* – *une* – *des*

14. Carte mentale

Synthèse animée : pour compléter la synthèse, il est possible de présenter à la classe les petits films d'animation « Les articles définis et indéfinis » et « Les articles élidés », réalisés par Canopé (les fondamentaux) et disponibles dans les ressources numériques.

© Canopé

14. Animation : Les articles définis et indéfinis

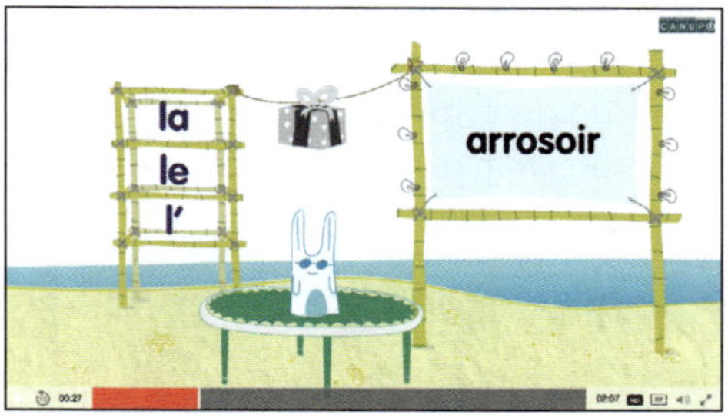

© Canopé

14. Animation : Les articles élidés

Séances 4 et 5 | Exercices de systématisation et court projet d'écriture

Objectifs	- Mémoriser les notions essentielles. - Réinvestir ses connaissances dans des exercices d'application.
Organisation	Travail individuel, correction individuelle ou collective.
Matériel	- Photocopies de la fiche élève n° 14 et son corrigé. 14. Fiche élève et 14. Fiche élève corrigée - Cahier d'essai.

Compétences abordées :

Ex. 1, 2, 4 : Savoir associer un déterminant à un nom.
Ex. 3 : Savoir identifier un déterminant dans un groupe nominal.
Ex. 5 : Savoir associer un nom à un déterminant.
Ex. 6 : Savoir identifier les articles.

14 Le déterminant, les articles

Prénom : ....

Je m'entraine

❶ Complète le texte suivant avec les déterminants qui conviennent.

le / la / l' / un / une / sa / son / des

Quand Agathe va à .... bibliothèque avec .... maman, elle se dirige tout de suite vers .... coin des enfants. Agathe choisit .... album avec .... images. Puis elle s'installe dans .... fauteuil près de sa maman et écoute .... histoire en suçant .... pouce.

❷ Barre les déterminants qui ne conviennent pas aux noms.

le la éléphant l'	mon un voisin une	un sa avion l'

une sa chaise le	ma ta sœur sa	ton une cartable son

❸ Souligne le nom dans les groupes de mots et entoure le déterminant.

la petite souris	les grands arbres	un gros poisson
une belle princesse	mon gentil chien	l'étoile brillante
ta vieille chaussure trouée	le camion	des stylos rouges

❹ Écris devant chaque nom deux déterminants qui peuvent convenir.

.... ordinateur	.... armoire	.... ascenseur
.... balançoire	.... guitare	.... coquillage

14

❺ Trouve trois noms qui peuvent être accompagnés par les articles le et un et trois noms qui peuvent être accompagnés par les articles la et une.

un ______________ / le ______________

un ______________ / le ______________

un ______________ / le ______________

une ______________ / la ______________

une ______________ / la ______________

une ______________ / la ______________

❻ Souligne en bleu les noms communs et entoure le déterminant qui les accompagne. Recopie les articles.

Lucie joue dans le salon avec son frère. Ils construisent une tour avec des cubes. La tour est déjà très haute ; tout à coup, le chien bouscule la tour et… patatras tout s'écroule ! Les enfants sont déçus !

articles : ______________

J'écris

❼ Sur ton cahier, dresse la liste des objets que tu vois dans la chambre (n'oublie pas les déterminants).

Conjuguer le verbe *aller* au présent

Programmes 2016, ajustements 2018 – Connaissances et compétences associées :
- Identifier le radical et la terminaison du verbe.
- Trouver l'infinitif d'un verbe conjugué.
- Mémoriser le présent pour les verbes irréguliers du 3e groupe (*faire*, *aller*, *dire*, *venir*, *pouvoir*, *voir*, *vouloir*, *prendre*).

Séance 1 | Lecture et compréhension du texte

Objectifs
- Comprendre un texte.
- Lire à haute voix.
- Approcher intuitivement la conjugaison du verbe *aller* au présent.

Organisation
Travail collectif et individuel.

Matériel
- Photocopie individuelle du texte *Qui m'accompagne à la piscine ?* 15. Texte
- Facultatif : le même texte reproduit ou vidéoprojeté collectivement au tableau.

Déroulement

Qui m'accompagne à la piscine ?

Aujourd'hui, Corentin s'ennuie. Il cherche désespérément quelqu'un pour aller avec lui à la piscine. Il va voir son papa :

« Papa, tu veux bien m'emmener à la piscine, s'il te plait ?

– Ah ! mon chéri, je ne peux pas ! Je vais au club de foot et je suis déjà en retard ! répond son papa. Demande à ta sœur.

– Elle est avec Léa et elles vont à leur cours de danse, dit Corentin, déçu.

– Et ton copain Brice ? suggère papa.

– Il va chez ses grands-parents ! répond Corentin.

À ce moment, le petit garçon aperçoit son papi et sa mamie. Plein d'espoir, il court vers eux. Mais en voyant qu'ils montent dans leur voiture, Corentin leur demande :

– Où allez-vous ?

– Nous allons acheter un chapeau à ta grand-mère, répond papi. Tu veux venir avec nous ?

– Non, moi je veux aller à la piscine ! J'en ai assez, je m'ennuie… soupire Corentin.

C'est alors que sa maman arrive et lui dit :

– Allez Corentin, on y va ?

– À la piscine ? s'exclame l'enfant, heureux.

Maman le regarde d'un drôle d'air et lui dit :

– Mais non Corentin, c'est l'heure de ton rendez-vous : tu vas chez le dentiste ! »

- Faire lire silencieusement le texte.
- Questionner les élèves pour contrôler la compréhension :

Quel est le personnage principal ? Combien de personnes parlent dans le texte ? Que désire-t-il ? Est-il satisfait à la fin ?

- Faire relire et justifier le titre « *Qui m'accompagne à la piscine ?* ».
- Faire une lecture magistrale expressive.
- Organiser une lecture « dialoguée » : désigner 5 élèves (Corentin, Papa, Papi, Maman et un narrateur).
- Demander aux élèves de chercher dans le texte les phrases qui répondent aux questions suivantes. Faire répéter chaque réponse par un ou deux élèves.

Qui Corentin va-t-il voir ? → Il va voir son papa.

Que répond son papa ? → « Je vais au club de foot. »

Où vont Léa et la sœur de Corentin ? → Elles vont à leur cours de danse.

Où va son copain Brice ? → Il va chez ses grands-parents.

Quelle question Corentin pose-t-il à ses grands-parents ? → « Où allez-vous ? »

Que lui répond son grand-père ? → « Nous allons acheter un chapeau… »

Que dit la maman de Corentin à son fils ? → « Allez Corentin, on y va ? » / « Tu vas chez le dentiste. »

Séance 2 | Découverte de la notion

Objectifs	– Conjuguer le verbe *aller* au présent. – Reconnaitre le verbe *aller* au présent.
Organisation	Travail collectif et individuel.
Matériel	– Texte *Qui m'accompagne à la piscine ?* photocopié pour chaque élève. 15. Texte – Une ardoise individuelle, un feutre, un chiffon. – Colliers-figurines (verbe, pronom personnel).

Déroulement

Rappel de la séance précédente

Faire une lecture magistrale du texte en marquant bien l'intonation.

Mise en scène

Première étape

• Faire sortir les ardoises et inviter 8 élèves à venir au tableau, chacun jouant un rôle différent : Corentin, son papa, sa sœur et Léa, Brice, les grands-parents, sa maman.

• Faire jouer la scène : demander à Corentin d'aller voir chaque personnage pour lui demander d'aller à la piscine.

– Son père dit : « *Je ne peux pas,* ***je vais*** *au foot.* »

– Sa sœur et sa copine Léa disent : « *Nous ne pouvons pas,* ***nous allons*** *à la danse.* » → Corentin s'adresse à son père en parlant des filles : « *Elles ne peuvent pas,* ***elles vont*** *à la danse.* »

– Brice dit : « *Je ne peux pas,* ***je vais*** *chez mes grands-parents.* » → Corentin s'adresse à son père en parlant de Brice : « *Il ne peut pas,* ***il va*** *chez ses grands-parents.* »

– Corentin dit à ses grands-parents : « *Où* ***allez-vous*** *?* », et ils répondent : « ***Nous allons*** *acheter un chapeau.* »

– La maman dit à Corentin : « ***Tu vas*** *chez le dentiste !* »

• À chaque fois, demander aux enfants de relever le verbe utilisé par leurs camarades et d'écrire sur leur ardoise « nous allons », « elles vont », « je vais », etc. de façon à obtenir la conjugaison complète du verbe *aller*.

• Recueillir les différentes propositions orthographiques en montrant les ardoises à la classe.

Faire valider en éliminant d'abord les propositions phonétiquement incorrectes, puis en faisant chercher la bonne orthographe dans le texte.

• Écrire au tableau la forme verbale corrigée.

• À la fin, faire relire à haute voix la conjugaison complète du verbe.

Demander aux enfants de dicter à l'enseignant la conjugaison du verbe dans l'ordre habituel des pronoms de conjugaison en épelant les formes verbales.

Faire trouver l'infinitif du verbe et l'écrire en haut du tableau.

Inviter un élève à entourer en rouge l'ensemble des formes verbales, afficher le collier-figurine.

Faire entourer en bleu l'ensemble des pronoms sujets, afficher le collier-figurine.

Deuxième étape

• Demander aux élèves de relire individuellement leur texte.

Laisser affichée la conjugaison du verbe *aller* au tableau.

Demander aux enfants de souligner en rouge les formes conjuguées du verbe *aller* et d'entourer le pronom dans le texte.

• Effectuer une correction collective orale.

Séance 3 | Construction de la notion

Objectifs
- Conjuguer oralement et par écrit le verbe *aller* au présent.
- Élaborer un tableau de conjugaison.

Organisation Travail de recherche en binôme et collectif puis travail collectif.

Matériel
- Une photocopie par binôme du tableau de conjugaison à compléter avec les étiquettes-verbes. 15. Manipulations en binôme
- Un jeu d'étiquettes-verbes pour manipulations collectives. 15. Manipulations collectives
- Reproduction en grand au tableau du tableau de conjugaison à compléter.

Il va à la piscine.		
Aller au présent		

Je		à la piscine.
Tu		
Il ou Elle		
Nous		
Vous		
Ils ou Elles		

vont	vais	va	allez	allons	vas	aller	allé

Déroulement

Manipulations et recherches

• Faire relire le texte « *Qui m'accompagne à la piscine ?* ».

Demander aux élèves de trouver à quel moment se passe l'histoire (au présent) et de justifier en donnant le connecteur temporel « Aujourd'hui ».

• Écrire au tableau la phrase : « *Il va à la piscine.* »

Faire identifier le verbe, le faire souligner en rouge et écrire V au-dessus.

Faire rappeler l'infinitif du verbe « va » et l'écrire au tableau (*aller*).

• Distribuer le tableau de conjugaison et faire découper les étiquettes.

Pendant ce temps, reproduire au tableau le tableau de conjugaison à compléter et coller les figurines Pronoms personnels et Verbe au-dessus de chaque colonne.

• Faire lire la colonne de gauche du tableau vierge et faire rappeler que ce sont les pronoms personnels sujets.

• Demander alors aux enfants de compléter le reste du tableau en y collant leurs étiquettes pour obtenir la conjugaison du verbe *aller* au présent.

Après un temps de recherche, procéder à une mise en commun : recueillir les différentes propositions des élèves et compléter le tableau de conjugaison en écrivant au fur et à mesure.

• Pour corriger, faire vérifier l'orthographe des formes verbales dans le texte (*vas* / *va*).

On obtient :

<table>
<tr><td colspan="3">Il va à la piscine.</td></tr>
<tr><td colspan="3">Aller</td></tr>
<tr><td></td><td></td><td rowspan="7">à la piscine.</td></tr>
<tr><td>Je</td><td>vais</td></tr>
<tr><td>Tu</td><td>vas</td></tr>
<tr><td>Il ou Elle</td><td>va</td></tr>
<tr><td>Nous</td><td>allons</td></tr>
<tr><td>Vous</td><td>allez</td></tr>
<tr><td>Ils ou Elles</td><td>vont</td></tr>
</table>

Synthèse, élaboration de la règle (mémo) et carte mentale

Le verbe *aller* au présent

Je	vais	à l'école.
Tu	vas	
Il / Elle	va	
Nous	allons	
Vous	allez	
Ils / Elles	vont	

15. Mémo

	 ALLER
je	je **vais**
tu	tu **vas**
il / elle	il / elle **va**
nous	nous **allons**
vous	vous **allez**
ils / elles	ils / elles **vont**

15. Tableau de conjugaison

Séances 4 et 5 | Exercices de systématisation et court projet d'écriture

Objectifs
- Mémoriser les notions essentielles.
- Réinvestir ses connaissances dans des exercices d'application.

Organisation Travail individuel, correction individuelle ou collective.

Matériel
- Photocopies de la fiche élève n° 15 et son corrigé.
  15. Fiche élève et 15. Fiche élève corrigée
- Cahier d'essai.

Compétences abordées :

Ex. 1 : Savoir trouver le pronom personnel qui s'accorde avec la forme conjuguée.
Ex. 2 et 3 : Savoir trouver la forme verbale qui s'accorde avec le sujet.
Ex. 4 : Savoir associer le sujet et le verbe qui s'accordent.
Ex. 5 et 6 : Savoir transformer des phrases et effectuer l'accord sujet / verbe au présent.

15 Conjuguer le verbe *aller* au présent

Prénom : ....

Je m'entraine

1 Complète les phrases avec le pronom personnel qui convient.

.... vais à l'école. .... vont chez le médecin.

.... vas au cinéma. .... allons courir autour du stade.

.... va chez sa grande sœur. .... allez diner chez vos amis.

2 Complète les phrases en conjuguant le verbe *aller*.

Nous .... chez les voisins.

Ils .... skier pendant trois jours.

Mathéo .... chez le dentiste.

Tu .... au marché.

Je .... chez Marion.

Ce soir, Laura et Joséphine .... au restaurant.

3 Complète avec *va* ou *vas*.

Mon grand-père .... se coucher. Tu .... chez ta mamie.

Tu .... faire des courses. Aujourd'hui, tu .... chez le coiffeur.

Il .... faire du sport. Mathieu .... chez son papa.

4 Relie d'un trait le sujet et le verbe qui correspondent.

Mes copains •	• vas	
Vous •	• allons	
Tu •	• va	à l'école.
Nous •	• allez	
Léonie •	• vont	
Je •	• vais	

15

5 Récris les phrases avec le nouveau pronom personnel.

Vous allez faire des courses. → Tu

Nous allons à la campagne. → Je

Je vais à mon travail. → Nous

Tu vas chez le médecin. → Vous

6 Récris les phrases en changeant de sujet.

Edgar va jouer de la trompette.

Edgar et Émile

Les filles vont acheter du beurre.

La fille

Tu vas courir avec le chien.

Mon frère

J'écris

7 Sur ton cahier, fais une phrase pour répondre aux questions.

1. Où va Jean pour faire réparer sa voiture ?
2. Où vas-tu acheter une tarte aux fraises ?

Conjuguer les verbes *faire* et *dire* au présent

Programmes 2016, ajustements 2018 – Connaissances et compétences associées :
- Identifier le radical et la terminaison du verbe.
- Trouver l'infinitif d'un verbe conjugué.
- Mémoriser le présent pour les verbes irréguliers du 3e groupe (*faire*, *aller*, *dire*, *venir*, *pouvoir*, *voir*, *vouloir*, *prendre*).

Séance 1 | Lecture et compréhension du texte

Objectifs
- Lire silencieusement et comprendre un texte.
- Lire à haute voix en lecture dialoguée.
- Se familiariser oralement avec la conjugaison des verbes *faire* et *dire* au présent.

Organisation Travail collectif et individuel.

Matériel
- Photocopie individuelle du texte *L'arrivée du petit frère.* 16. Texte
- Facultatif : le même texte reproduit ou vidéoprojeté collectivement au tableau.
- Crayons de couleur ou surligneurs.

Déroulement

L'arrivée du petit frère

« Qu'est-ce que tu fais ? dit Alexia.
– Je fais un dessin pour notre nouveau petit frère, répond Nathan.
Papa s'approche, il dit :
– À propos, Maman rentre de la maternité cet après-midi ; il faut remettre la maison en ordre. Nous allons partager le travail : toi, Nathan, tu fais ton lit ; moi, je fais la lessive et le repassage…
– Et Alexia, qu'est-ce qu'elle fait ? interrompt Nathan.
– Elle termine ses devoirs et, ensuite, vous faites la vaisselle ensemble.
– Oh non ! Pas la vaisselle ! proteste Nathan.
Papa se fâche :
– Quand je dis quelque chose, Nathan, tu le fais sans protester !
Alexia vient au secours de son frère :
– Nous faisons la vaisselle tous les jours !
– Et alors ? répond Papa. Quand les enfants sont obéissants, ils font ce que disent leurs parents.
Alexia et son frère bougonnent.
– Qu'est-ce que vous dites ? interroge Papa.
– Nous disons qu'Hugo pourra nous aider quand il sera grand !
Papa se met à rire.
– Il vous faudra patienter quelques années ! En attendant, je vais acheter un lave-vaisselle, nous aurons ainsi plus de temps pour jouer tous ensemble !
– C'est une super idée, Papa ! » s'écrient les enfants.

- Faire lire silencieusement le texte.
- Questionner les élèves pour contrôler la compréhension :

Quels sont les personnages ? Où est la mère ?

Quel évènement est survenu dans la famille ? Pourquoi le père se fâche-t-il ?

- Faire entourer, lire à haute voix, expliquer et justifier le titre « *L'arrivée du petit frère* ».
- Faire une lecture magistrale expressive.
- Rappeler le rôle des guillemets et celui des tirets. Faire souligner (ou surligner) de 3 couleurs différentes les tirets (une couleur pour les paroles de Papa, une pour les paroles de Nathan et une pour celles d'Alexia).
- Organiser une lecture « dialoguée » : désigner 4 enfants (3 lecteurs et un narrateur).
- Demander aux élèves de chercher dans le texte les phrases qui répondent aux questions suivantes. Faire répéter la réponse par plusieurs enfants.

Que demande Alexia à son frère ? → « Qu'est-ce que tu fais ? »

Que dit Nathan ? → « Je fais un dessin. »

Que dit Papa à Nathan ? → « Tu fais ton lit. »
Que dit Papa en s'adressant à ses deux enfants ? → « Vous faites la vaisselle. »
Que fait Papa ? → Il fait la lessive et le repassage.
Que font des enfants obéissants ? → Ils font ce que disent leurs parents.
Que dit Alexia pour aider son frère ? → « Nous faisons la vaisselle tous les jours. »
Que disent les enfants ? → « Nous disons qu'Hugo pourra nous aider quand il sera grand ! »

Séance 2 | Découverte de la notion

Objectifs
- Se familiariser avec les conjugaisons des verbes *faire* et *dire* au présent.
- Mettre en évidence les irrégularités de ces verbes dans leur conjugaison au présent.

Organisation Travail collectif et individuel.

Matériel
- Texte *L'arrivée du petit frère* photocopié pour chaque élève. 16. Texte
- Colliers-figurines (verbe, pronom personnel).
- Une ardoise individuelle et le matériel associé.

Déroulement

Rappel de la séance précédente

Faire une lecture magistrale du texte en marquant bien l'intonation.

Mise en scène

• Demander aux élèves de trouver à quel temps est écrit le texte ; écrire « *présent* » en haut du tableau.
• Organiser un petit jeu entre les élèves : un enfant questionne son voisin.
Pour une moitié de classe :
– *Qu'est-ce que tu fais ?*
Son voisin lui répond :
– *Je fais...* (Exemples : un dessin, mes devoirs, un puzzle, ma toilette, etc.)

Puis pour l'autre moitié de classe :
– *Qu'est-ce que tu dis ?*
– *Je dis...* (Exemples : bonjour, merci, s'il te plait, au revoir, etc.)
• Faire sortir l'ardoise et demander aux élèves de chercher dans le texte les formes verbales « *je fais / tu fais* » et de les écrire. Puis d'écrire les formes « *je dis / tu dis* ». (« *tu dis* » sera trouvé par analogie.)
Vérifier en faisant lever les ardoises et écrire les formes verbales au tableau.
• Appeler 3 enfants au tableau et reprendre le jeu oral pour amener les enfants à employer les autres pronoms personnels.
Un élève s'adresse à un camarade, il demande : « *Qu'est-ce que tu fais ? → Je fais de la conjugaison.* »
Il s'adresse à ses deux camarades, il demande : « *Qu'est-ce que vous faites ? → Nous faisons de la conjugaison.* »
Il s'adresse à la classe en parlant de ses deux camarades, il demande : « *Qu'est-ce qu'ils font → ils font de la conjugaison / du bruit.* »
Poursuivre de la même manière avec différents enfants pour faire manipuler oralement les formes verbales
« vous faites... vos devoirs / nous faisons... un dessin / ils font... »
Puis avec les formes « *vous dites / nous disons / ils disent* ».
• Faire énoncer la conjugaison complète des verbes « *faire* » puis « *dire* » avec « *je* », avec « *tu* », etc. et les écrire au tableau en colonne, au fur et à mesure : « je fais, tu fais, il fait », etc.
• Demander aux élèves :
– de trouver l'infinitif des verbes et de les écrire en haut du tableau ;
– de relire l'ensemble des pronoms sujets et l'ensemble des formes verbales.
• Faire afficher les colliers-figurines (PP et V) en haut des colonnes.

Appropriation individuelle

• Faire relire à voix haute les conjugaisons des verbes *dire* et *faire* et trouver les deux formes particulières : « *vous dites* » et « *vous faites* ».
• Les faire écrire sur l'ardoise. Attirer l'attention des enfants en précisant (sans les écrire) que « vous disez » et « vous faisez » sont incorrects.
• Faire inventer et écrire sur l'ardoise une phrase avec « *vous dites* » et une phrase avec « *vous faites* ».
• Les faire lire à haute voix par chaque élève.
• De la même manière, faire écrire la forme verbale « *ils font* ».
• Faire écrire une phrase et faire lire toutes les phrases à haute voix.
• Préciser, si besoin, que « *ils faisent* » est incorrect.

Séance 3 | Construction de la notion

Objectifs
- Conjuguer les verbes *dire* et *faire* au présent.
- Mémoriser les formes irrégulières du présent de ces verbes.

Organisation Travail de recherche en binôme et travail collectif.

Matériel
- Une photocopie par binôme des tableaux de conjugaison à compléter avec les étiquettes-verbes. 16. Manipulations en binôme
- Reproduction en grand au tableau des tableaux de conjugaison à compléter.
- Étiquettes collectives. 16. Manipulations collectives

PRÉSENT			
Dire		Faire	
je		je	
tu		tu	
il ou elle		il ou elle	
nous		nous	
vous		vous	
ils ou elles		ils ou elles	

dites	fais	dit	dis	diront	faites	disent	
fait	disons	dis	faisons	fais	font	fête	feront

Déroulement

Manipulations et recherches

- Faire relire le texte.
- Distribuer la feuille annexe et laisser lire silencieusement.
- Faire analyser le tableau :

– repérer les verbes à l'infinitif (*faire* / *dire*) ;
– rappeler que les verbes sont conjugués au présent ;
– lire à haute voix les pronoms de conjugaison.

- Faire découper les étiquettes.

Demander aux enfants de compléter ce tableau en trouvant les formes manquantes parmi les étiquettes du bas de la page. Prévenir qu'il y a des intrus.

- Après un temps de recherche, mettre en commun en envoyant des élèves écrire les verbes dans le tableau.

• Faire valider par le groupe classe.
Faire relire verticalement à haute voix les conjugaisons en insistant sur les terminaisons (« *je dis -s, tu dis -s...* »), puis horizontalement (« *je dis / je fais ; tu dis / tu fais...* »).

Synthèse, élaboration de la règle (mémo) et carte mentale

Le présent

Verbe *faire* au présent		**Verbe *dire* au présent**	
je	fais	je	dis
tu	fais	tu	dis
il / elle	fait	il / elle	dit
nous	faisons	nous	disons
vous	**faites**	vous	**dites**
ils / elles	**font**	ils / elles	disent

16. Mémo

	 FAIRE	 DIRE
je	je fais	je dis
tu	tu fais	tu dis
il / elle	il / elle fait	il / elle dit
nous	nous faisons	nous disons
vous	vous faites ⚠	vous dites ⚠
ils / elles	ils / elles font	ils / elles disent

16. Tableau de conjugaison

Séances 4 et 5 | Exercices de systématisation et court projet d'écriture

Objectifs
- Mémoriser les notions essentielles.
- Réinvestir ses connaissances dans des exercices d'application.

Organisation
Travail individuel, correction individuelle ou collective.

Matériel
- Photocopies de la fiche élève n° 16 et son corrigé.
  16. Fiche élève et 16. Fiche élève corrigée
- Cahier d'essai.

Compétences abordées :

Ex. 1 : Savoir associer un sujet à une forme verbale au présent.
Ex. 2 : Savoir trouver l'accord du verbe en fonction d'un sujet.
Ex. 3 : Savoir trouver le pronom qui s'accorde avec une forme verbale.
Ex. 4 : Savoir trouver la forme verbale qui s'accorde avec le sujet.
Ex. 5 : Savoir transformer des phrases et effectuer l'accord sujet / verbe au présent.

16 Conjuguer les verbes *faire* et *dire* au présent Prénom : ....

Je m'entraine

❶ Relie chaque sujet à son verbe. Attention aux accords !

Mathis	•	•	fait toujours son lit.
Nous	•	•	dites beaucoup de gros mots !
Les chats	•	•	faisons des travaux dans la maison.
Vous	•	•	fais tes devoirs.
Tu	•	•	font la course dans le salon.
Je	•	•	dis au revoir à mes amis.

❷ Choisis la forme du verbe qui convient et récris la phrase.

Mélissa dis / dit / disent toujours merci.

Cette semaine, vous faisons / faites / fais une randonnée !

Les enfants faisons / font / faites un spectacle de marionnettes.

❸ Complète chaque phrase avec le pronom personnel qui convient.

.... faisons une ronde.

.... disent des blagues.

.... dis n'importe quoi !

.... faites une tarte.

.... ne dites rien.

.... fait la vaisselle.

16

❹ Complète les phrases en conjuguant le verbe écrit entre parenthèses.

Nous .... (dire) des bêtises.

Les animaux .... (faire) du bruit dans la nuit.

Je .... (dire) aux élèves de se taire.

Mes parents .... (faire) une croisière en Corse.

Vous .... (faire) du sport tous les jours !

❺ Récris les phrases en changeant de sujet.

Noa fait la sieste.

Juliette et Noa

Nous disons bonjour à tout le monde.

Vous

Vous faites un gâteau au chocolat.

Ils

Mon père et moi faisons cuire les saucisses au barbecue.

Je

J'écris

❻ Sur ton cahier, complète chaque phrase avec les couples de mots.

vélo / route ; escalade / montagne ; natation / eau ; équitation / cheval ; danse / musique

Quand je fais du ski, je dis que la neige est froide.

Quand tu fais ...., tu dis ....

Quand elle ...., elle ....

Quand nous ....

Quand vous ....

Quand ils ....

Le genre du nom : féminin ou masculin

Programmes 2016, ajustements 2018 – Connaissances et compétences associées :

– Maitriser l'orthographe grammaticale de base.
– Comprendre :
  • le fonctionnement du groupe nominal dans la phrase
  • la notion de « chaines d'accords » pour déterminant / nom / adjectif (singulier / pluriel ; masculin / féminin)
– Utiliser des marques d'accord pour les noms et adjectifs épithètes : nombre (-s) et genre (-e).

Séance 1 | Lecture et compréhension du texte

Objectifs
- Comprendre un texte.
- Lire à haute voix.
- Contrôler sa compréhension.
- Se familiariser avec la notion de genre (masculin / féminin).

Organisation
Travail collectif et individuel.

Matériel
- Photocopie individuelle du texte *Un curieux village.* 17. Texte
- Facultatif : le même texte reproduit ou vidéoprojeté collectivement au tableau.
- Étiquettes collectives. 17. Compréhension du texte

Rue du masculin	Rue du féminin

Déroulement

Un curieux village

En voyage au pays des mots, la sorcière Carabouille, perchée sur son balai magique, se pose à l'entrée d'un petit village.
Elle pose son balai contre un mur lorsqu'un garde s'approche d'elle.
« Stop, Madame ! Contrôle ! Cet animal que vous portez sur l'épaule, c'est un lapin ou une lapine ?
– C'est Crustacé, mon lapin adoré !
– Madame, vous ne pouvez pas aller dans la Rue du féminin avec votre lapin ; il faudra le laisser à l'entrée du village, ou bien il ira tout seul dans la Rue du masculin.
– Mais je ne quitte jamais mon lapin et je voudrais visiter l'église et le château.
– Je suis désolé, Madame, c'est le règlement. Vous pourrez aller visiter l'église mais pas le château. D'ailleurs, si vous voulez aller dans la Rue du féminin, vous devrez laisser aussi votre balai, votre chapeau, mais vous pourrez garder votre bague et votre écharpe.
– Par le poil au menton de mon cousin Napoléon ! Je n'ai jamais rien vu de pareil ! Viens Crustacé, ne restons pas une minute de plus ici ! » s'écrie Carabouille.

- Faire lire silencieusement le texte.
- Questionner les élèves pour contrôler la compréhension :

De qui parle-t-on ? Combien y a-t-il de personnages dans le texte ?
Pourquoi le garde stoppe-t-il la sorcière ? Que doit-elle faire ?
Comment expliquer ce règlement ?

- Afficher au tableau les étiquettes portant le nom du village et le nom des deux rues. Certains enfants ont peut-être déjà entendu les mots *féminin* et *masculin* et pourront donner un début d'explication au problème de la sorcière.
- Faire une lecture magistrale expressive.
- Organiser une lecture dialoguée en désignant 3 élèves (un garde, la sorcière et le narrateur).

Séance 2 | Découverte de la notion

Objectifs	– Repérer les noms féminins et les noms masculins. – Utiliser les termes *féminin* et *masculin*. – Comprendre que c'est le déterminant qui indique le genre du nom.
Organisation	Travail collectif et individuel.
Matériel	– Colliers-figurines (nom commun et nom propre). – Texte *Un curieux village* photocopié pour chaque élève. 17. Texte – Étiquettes collectives. 17. Compréhension du texte Rue du masculin / Rue du féminin

Déroulement

Rappel de la séance précédente

Faire une lecture magistrale du texte en marquant bien l'intonation.

Mise en scène

• Mettre en scène : expliquer que vous êtes le garde du village, demander d'aller chercher dans la classe un objet. Chacun doit prendre un objet différent (crayon, éponge, chaise, règle, stylo, livre, etc.).

• Afficher dans deux endroits distincts de la classe les étiquettes « *Rue du masculin* » et « *Rue du féminin* ».

Appeler les élèves un par un pour qu'ils viennent déposer leur objet dans la rue du masculin ou dans la rue du féminin.

• Faire valider par la classe en justifiant : emploi des articles « le, un » ou « la, une ».

Écrire au tableau sur deux colonnes la liste des noms des objets qui sont dans la rue du féminin et celle des objets qui sont dans la rue du masculin. Afficher les colliers-figurines illustrant les noms.

Faire relire les noms féminins et entourer l'article en rouge. Faire relire les noms masculins et entourer l'article en bleu.

Dire qu'il existe deux genres : le genre féminin et le genre masculin.

Faire émerger qu'un nom est féminin ou masculin et que c'est le déterminant placé devant le nom qui indique son genre.

Appropriation individuelle

• Écrire au tableau successivement les noms :
crayon / éponge / cahier / gomme / ardoise / livre / téléphone / montre / vélo / trottinette et, au fur et à mesure, les faire faire lire à voix haute.

• Demander aux enfants d'écrire sur leur ardoise les objets qu'ils auraient le droit d'emporter :
pour les filles → dans la rue du féminin
pour les garçons → dans la rue du masculin

• Préciser qu'ils doivent ajouter un déterminant devant le nom.

• Faire une correction orale en demandant d'abord aux filles de lever les ardoises, faire lire à voix haute les propositions. Les faire valider par les garçons.

• Procéder à l'inverse pour les mots en masculins.

Conseil

On pourra, à l'occasion de l'apprentissage d'une langue vivante, faire remarquer que, dans certaines langues, le genre des noms n'existe pas. Par exemple, en anglais, on utilise le même mot pour dire *un* ou *une* :
Ex. : « *a cat* », « *a chair* ».

Séance 3 | Construction de la notion

Objectifs

- Retenir que c'est le déterminant qui indique le genre du nom (féminin ou masculin).
- Repérer que le féminin d'un nom se forme souvent en ajoutant la lettre « *e* » au nom masculin.
- Utiliser les termes *féminin* et *masculin.*
- Comprendre que certains noms peuvent changer de genre mais, alors, ils n'ont pas le même sens.

Organisation

Travail en binôme et collectif.

Matériel

- Colliers-figurines (nom commun et nom propre).
- Un jeu d'étiquettes par binôme. 17. Manipulations en binôme
- Le même jeu d'étiquettes agrandies. 17. Manipulations collectives

Première manipulation :

une amie	la neige	une montagne	le vent	une voisine	la lune
un nuage	une tempête	la mer	un ami	un voisin	un orage

Deuxième manipulation :

la moule	le moule	la manche	le manche	la voile	le voile

Déroulement

Manipulations et recherches

Première manipulation

• Procéder à un rappel : « *Comment s'appellent les mots qui désignent une personne, un animal, une chose ?* »

Afficher le collier-figurine illustrant le nom.

• Faire rappeler par les élèves qu'il existe deux genres : « *Les noms peuvent être soit du genre ...., soit du genre ....* »

Rappeler que le déterminant placé devant le nom (ici, l'article), indique le genre du nom.

• Afficher le collier-figurine illustrant le déterminant devant celui du nom commun.

• Distribuer et faire découper les étiquettes.

Pendant ce temps, afficher les grandes étiquettes au tableau.

Faire lire les mots à haute voix.

• Tracer au tableau deux colonnes. Écrire en haut des colonnes « Noms féminins / Noms masculins ».

Inviter les élèves à trier les mots en mettant d'un côté de la table les noms féminins et de l'autre les noms masculins.

• Procéder à une mise en commun : envoyer au tableau des élèves classer les grandes étiquettes préalablement affichées.

• Faire valider par la classe les propositions en faisant préciser à chaque fois s'il s'agit d'un nom féminin ou masculin.

• Dans un second temps, demander de rapprocher les étiquettes « *un voisin / une voisine* », « *un ami / une amie* » et d'observer la différence.

• Inviter un élève à venir entourer la lettre « e ».

• Expliquer que, souvent, pour trouver le nom féminin qui correspond au nom masculin, on ajoute la lettre « e ».

Deuxième manipulation

• Distribuer les 6 étiquettes-mots (*la moule / le moule / la manche / le manche / la voile / le voile*). Laisser les enfants lire silencieusement et réagir : ce sont les mêmes noms, le déterminant n'est pas le même, c'est *le* ou *la*...

• Distribuer les étiquettes portant les illustrations des six mots.

Laisser les enfants observer et leur demander de coller sous chaque dessin le nom qui lui correspond.

• Corriger collectivement en faisant expliciter chacun des mots :

– « *La manche du vêtement* (à montrer) *est un nom féminin et le manche du balai* (à montrer si nécessaire) *est un nom masculin.* »

– « La moule qui vit dans la mer et le moule qui sert à cuire des gâteaux. »
– « La voile du bateau et le voile de la mariée. »
Faire conclure que certains noms peuvent changer de genre mais, alors, ils ne veulent plus dire la même chose.

Synthèse, élaboration de la règle (mémo) et carte mentale

Le féminin et le masculin

Un nom est au féminin si on peut mettre devant le déterminant ***la*** ou ***une***.
Exemples : *la maison, une voiture.*

Un nom est au masculin si on peut mettre devant le déterminant ***le*** ou ***un***.
Exemples : *le soleil, un chapeau.*

Pour former le féminin d'un nom, on ajoute souvent « **e** », mais il ne s'entend pas à l'oral.

17. Mémo

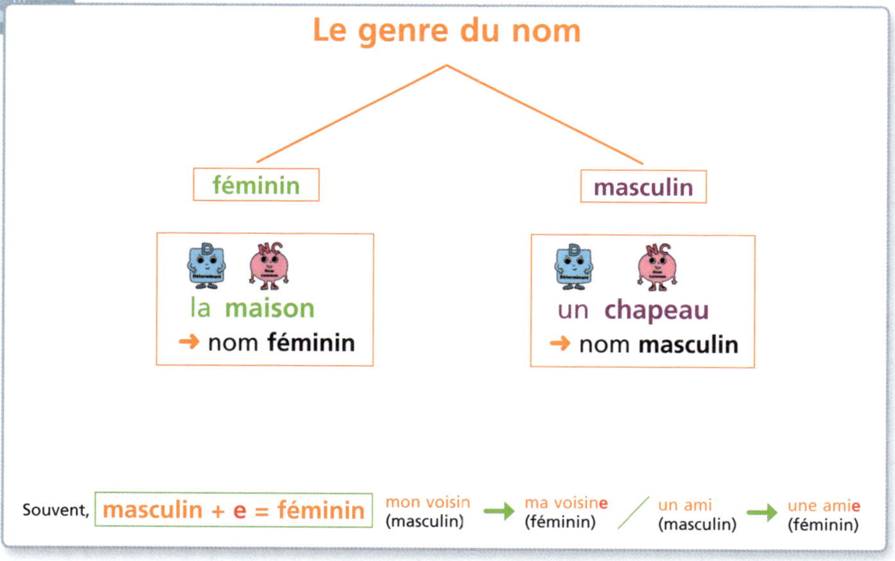

17. Carte mentale

Synthèse animée : pour compléter la synthèse, il est possible de présenter à la classe les petits films d'animation « Le genre du nom féminin et masculin » et « Le féminin du nom 1/2 », réalisés par Canopé (les fondamentaux) et disponibles dans les ressources numériques.

© Canopé

17. Animation : Le genre du nom féminin et masculin

© Canopé

17. Animation : Le féminin du nom 1/2

Séances 4 et 5 | Exercices de systématisation et court projet d'écriture

Objectifs
- Mémoriser les notions essentielles.
- Réinvestir ses connaissances dans des exercices d'application.

Organisation Travail individuel, correction individuelle ou collective.

Matériel
- Photocopies de la fiche élève n° 17 et son corrigé.
  17. Fiche élève et 17. Fiche élève corrigée
- Cahier d'essai.

Compétences abordées :

Ex. 1 : Savoir distinguer un nom masculin d'un nom féminin.
Ex. 2 et 3 : Savoir changer le genre d'un nom.
Ex. 4, 5 et 6 : Savoir identifier les déterminants des noms masculins / féminins.

17 Le genre du nom : féminin ou masculin

Prénom : ....

Je m'entraine

❶ **Écris derrière chaque nom** *féminin* **ou** *masculin*.

l'ordinateur (..........................) l'avion (..........................) l'ours (..........................)
l'arbre (..........................) la fraise (..........................) l'âne (..........................)
l'année (..........................) l'équipe (..........................) l'odeur (..........................)

❷ **Écris le féminin.**

un voisin :
le client :
un lapin :
un ami :
mon cousin :
un Français :

❸ **Écris le masculin.**

une chatte :
la chanteuse :
une voleuse :
la lionne :
ma chienne :
une nageuse :

❹ **Recopie les déterminants des noms féminins et des noms masculins.**

une tarte / le boulanger / la boulangère / mon manteau / ma chemise / ton vélo / ta maison / son chien / sa poupée / ce coq / cette poule / un gâteau

déterminants féminins :

déterminants masculins :

17

❺ **Pour chaque nom, écris deux déterminants qui peuvent l'accompagner. Attention au féminin et au masculin.**

Noms masculins	Noms féminins
.... / .... cartable	.... / .... ardoise
.... / .... ordinateur	.... / .... craie
.... / .... frère	.... / .... sœur

❻ **Sur ton cahier, recopie le texte une première fois en choisissant uniquement les noms masculins. Puis écris-le une deuxième fois avec les noms féminins seulement.**

Mon frère / Ma sœur met dans sa valisette / son sac :
- sa serviette / son maillot ;
- un ballon / une brosse à cheveux ;
- son short / sa crème solaire ;
- une compote / un gâteau ;
- une bouteille d'eau / un jus de fruit pour le gouter.

Puis elle / il part pour le stade / la plage.

1. *Mon frère met dans*

2. *Ma sœur met dans*

J'écris

❼ **Sur ton cahier, écris une phrase contenant chacun des mots suivants.**

une tour / un tour / le vase / la vase

Le singulier et le pluriel

Programmes 2016, ajustements 2018 – Connaissances et compétences associées :
– Maitriser l'orthographe grammaticale de base.
– Comprendre :
• le fonctionnement du groupe nominal dans la phrase
• la notion de « chaines d'accords » pour déterminant / nom / adjectif (singulier / pluriel ; masculin / féminin)
– Utiliser des marques d'accord pour les noms et adjectifs épithètes : nombre (-s) et genre (-e)

Séance 1 | Lecture et compréhension du texte

Objectifs
– Comprendre un texte.
– Lire à haute voix.
– Contrôler sa compréhension.
– Se familiariser avec la notion de nombre (singulier / pluriel).

Organisation
Travail collectif et individuel.

Matériel
– Photocopie individuelle du texte *Quel vantard !* 18. Texte
– Facultatif : le même texte reproduit ou vidéoprojeté collectivement au tableau.

Déroulement

Quel vantard !
« Moi, j'ai marqué un but au foot ! déclare Simon, fier de lui.
– Pfeuu… c'est nul ! répond Max qui veut toujours être le plus fort.
Moi, j'ai marqué cinq buts !
– J'ai aussi gagné une bille ! lui répond Simon.
– Seulement une ? renchérit Max d'un ton moqueur, moi j'ai gagné six billes !
– Eh bien moi, j'ai fait une faute à ma dictée, ajoute-t-il d'un petit air malin.
– Ah ! oui… eh bien moi, j'ai fait dix fautes… »
Max s'aperçoit trop tard de ce qu'il vient de dire…
Tous les copains éclatent de rire !

- Faire lire silencieusement le texte.
- Questionner les élèves pour contrôler la compréhension :

Combien y a-t-il de personnages dans le texte ?
Quel est le caractère de Max ? Pourquoi Simon prend un petit air malin ?
Pourquoi les copains éclatent-ils de rire ?

- Faire relire à haute voix, expliquer et justifier le titre « *Quel vantard !* ».
- Faire une lecture magistrale expressive.
- Faire chercher et répondre oralement :

Combien de buts marque Simon ? → un seul.
Combien de buts marque Max ? → cinq (plusieurs).
Combien de billes gagne Simon ? → une seule.
Combien de billes gagne Max ? → six (plusieurs).
Combien de fautes fait Simon ? → une seule.
Combien de fautes fait Max ? → dix (plusieurs).

- Organiser une lecture « dialoguée » : désigner 3 élèves (Max, Simon et le narrateur).

Séance 2 | Découverte de la notion

Objectifs
- Repérer les noms au singulier et les noms au pluriel.
- Utiliser les termes *singulier* et *pluriel*.
- Comprendre que c'est le déterminant qui indique le singulier ou le pluriel du nom.

Organisation Travail collectif et individuel.

Matériel
- Texte *Quel vantard !* photocopié pour chaque élève. 18. Texte
- Colliers-figurines (verbe, nom commun, déterminant).
- Étiquettes collectives. 18. Mise en scène

Je | marque | un | but | cinq | gagne | une

bille | fais | faute | dix | des | S x 3

Déroulement

Rappel de la séance précédente

Faire une lecture magistrale du texte en marquant bien l'intonation.

Mise en scène

Première étape

- Demander aux élèves de souligner dans leur texte les groupes de mots « un but / cinq buts » puis « une bille / six billes » et « une faute / dix fautes ».
- Distribuer une étiquette à chaque enfant et faire lire silencieusement.
- Annoncer la phrase : « *Je marque un but.* »

Demander aux enfants qui possèdent les étiquettes correspondantes de venir se placer face à la classe.

Faire repérer le verbe « marque » puis le nom « but » et enfin le déterminant qui l'accompagne : « un ». Donner à chaque fois le collier-figurine correspondant.

Faire relire la phrase à haute voix par un élève.

Faire remplacer le déterminant « un » par le déterminant « cinq ».

Faire relire à voix haute la nouvelle phrase formée.

Dire aux enfants que cette phrase n'est pas correctement écrite. Faire chercher dans leur texte ce qu'il faut modifier.

Faire ajouter le gros « S » à la fin du mot « but ».

• Procéder de la même manière pour les phrases : « *Je gagne une bille / six billes.* », « *Je fais une faute / dix fautes.* »

Deuxième étape

• Tracer deux colonnes au tableau. Écrire dans la colonne de gauche « un but », « une bille », « une faute » et dans la colonne de droite « cinq buts », « six billes », « dix fautes ».

• Faire relire et constater que dans la colonne de gauche on parle d'un seul but, d'une seule bille, d'une seule faute.

Écrire en haut de la colonne : « un seul SINGULIER ».

Faire relire et constater que, dans la colonne de droite, on parle de plusieurs buts, plusieurs billes, plusieurs fautes.

Écrire en haut de la colonne : « plusieurs PLURIEL ».

un seul SINGULIER	**plusieurs PLURIEL**
un but	cinq buts
une bille	six billes
une faute	dix fautes

• Demander à un élève de venir entourer en rouge le « s » que l'on a ajouté pour écrire le nom au pluriel.

• Donner un dernier exemple : écrire « un cadeau » dans la colonne de gauche, demander aux enfants de trouver le pluriel de ce nom et inviter un élève à l'écrire au tableau.

• Faire remarquer que, dans ce cas, la marque du pluriel est un « x ».

• À ce stade, le groupe classe, aidé par l'enseignant, fait émerger qu'un nom est singulier ou pluriel et que c'est le déterminant placé devant le nom qui indique son nombre.

Séance 3 | Construction de la notion

Objectifs
- Repérer des déterminants au pluriel (*des, les, plusieurs...*) et au singulier (*un, le, mon...*).
- Retenir que le pluriel d'un nom se forme le plus souvent en ajoutant la lettre « s » au nom singulier, mais parfois en ajoutant la lettre « x ».
- Utiliser les termes *singulier* et *pluriel*.

Organisation Travail de recherche en binôme et collectif puis travail collectif.

Matériel
- Colliers-figurines (nom commun et déterminant).
- Un jeu d'étiquettes par binôme. 18. Manipulations en binôme
- Reproduction au tableau de la liste de mots.

crayon | cadeaux | ordinateur | bcuteilles | cartable | pantalon

hiboux | papillons | robe | casquette

ton | mon | le | un | des | mes | deux | vingt | plusieurs | la

les | une

Déroulement

Manipulations et recherches

Manipulation

• Faire rappeler que les noms désignent une personne, un animal, une chose, un lieu.

Afficher le collier-figurine illustrant le nom commun.

• Faire rappeler que lorsqu'un nom désigne une seule chose ou un seul animal ou une seule personne, on dit qu'il est au singulier. Quand un nom désigne plusieurs choses, plusieurs animaux ou plusieurs personnes, on dit qu'il est au pluriel.

Récrire les mots « SINGULIER » et « PLURIEL ».

• Faire rappeler que c'est **le déterminant qui détermine le nombre du nom**.

Afficher le collier-figurine illustrant le déterminant devant celui du nom commun.

• Distribuer la liste de mots et inviter les élèves à lire les mots à haute voix.

Faire observer et analyser que cette liste contient deux sortes de mots : des noms et des déterminants.

• Faire découper les étiquettes et les faire disposer sous forme de liste sur la table. Pendant ce temps, reproduire au tableau en colonne, la liste des noms (sans les déterminants).
Demander aux enfants de placer devant l'étiquette de chaque nom, l'étiquette d'un déterminant qui convient.
Insister sur l'importance des marques du pluriel.

• Après un temps de recherche, procéder à une mise en commun : recueillir les différentes propositions des élèves et les écrire au tableau-devant le nom correspondant.
Demander de trouver tous les déterminants qui peuvent convenir pour un même mot. Exemple :
le / un / mon / ton crayon.
les / des / mes / deux / vingt / plusieurs papillons.
Veiller à ce que les élèves utilisent les termes *singulier* et *pluriel*.
Faire entourer en couleur les marques du pluriel (« s » ou « x »).

Appropriation individuelle

• Faire sortir l'ardoise et demander aux élèves d'écrire « singulier » d'un côté, « pluriel » de l'autre.

• Écrire au tableau les noms : *voiture*, *ballons*, *manteaux*, *table*, *élèves*, *gommes*. Les faire lire à voix haute.

• Demander aux élèves d'écrire ces noms du bon « côté » de leur ardoise en les accompagnant d'un déterminant approprié.

• Après un temps de recherche, procéder à une correction collective en envoyant un élève écrire au tableau.

Synthèse, élaboration de la règle (mémo) et carte mentale

Le singulier et le pluriel

Quand un nom désigne une seule chose ou un seul animal ou une seule personne, on dit qu'il est au **singulier**.
Exemples : *une voiture, mon cahier, le chat.*

Quand un nom désigne plusieurs choses, plusieurs animaux ou plusieurs personnes, on dit qu'il est au **pluriel**.
Exemples : *des ballons, cinq chats, les oiseaux.*

Pour écrire un nom au pluriel, on ajoute le plus souvent un « **s** », parfois un « **x** ».

18. Mémo

Le singulier et le pluriel

singulier = 1 seul

pluriel = plusieurs

une	*voiture*	→	*deux*	*voitures*
le	*chat*	→	*les*	*chats*
mon	*cahier*	→	*mes*	*cahiers*
un	*ballon*	→	*des*	*ballons*
son	*cadeau*	→	*ses*	*cadeaux* ⚠

18. Carte mentale

Séances 4 et 5 | Exercices de systématisation et court projet d'écriture

Objectifs	– Mémoriser les notions essentielles. – Réinvestir ses connaissances dans des exercices d'application.
Organisation	Travail individuel, correction individuelle ou collective.
Matériel	– Photocopies de la fiche élève n° 18 et son corrigé. 18. Fiche élève et 18. Fiche élève corrigée – Cahier d'essai.

Compétences abordées :

Ex. 1 et 2 : Savoir distinguer nom singulier / nom pluriel.
Ex. 3 et 4 : Écrire un nom en changeant le nombre.
Ex. 5 : Savoir associer le bon déterminant à un nom.
Ex. 6 : Savoir mettre des noms au pluriel dans une phrase.

18 Le singulier et le pluriel

Prénom : ....

Je m'entraine

❶ **Copie ces noms dans la colonne qui convient.**

des enfants / un garçon / les arbres / mes amis / l'araignée / des châteaux / ton manteau / trois filles / la neige / le soleil

Noms singuliers	Noms pluriels
....	....
....	....
....	....
....	....
....	....

❷ **Écris derrière chaque nom** singulier **ou** pluriel.

cinq avions (..........................) l'ordinateur (..........................) un tapis (..........................)

mes gants (..........................) une orange (..........................) des seaux (..........................)

des choux (..........................) des histoires (..........................) des habitants (..........................)

❸ **Écris le pluriel.**

ton pantalon : ______ un tapis : ______

ta chemise : ______ la guitare : ______

un poisson : ______ le piéton : ______

❹ **Écris le singulier.**

les salades : ______ des légumes : ______

18

dix carottes : ______ deux poireaux : ______

tes tomates : ______ les navets : ______

❺ **Complète en ajoutant un déterminant qui convient devant chaque nom. Tu peux utiliser un même déterminant deux fois.**

un / des / deux / une / les / quelques / plusieurs

Papa fait .... courses : il achète .... bouteilles de jus d'orange, ... litre de lait, ... gobelets en carton, ... serviettes en papier, ... poupée, ... carte d'anniversaire.

❻ **Recopie les phrases en écrivant tous les noms communs au pluriel.**

Pierre lit une histoire. → ______

Marie enfile sa chaussette. → ______

Maman achète un pantalon. → ______

J'écris

❼ **La sorcière prépare ses ingrédients pour transformer un ennemi en hérisson. Elle utilise : trois pattes de lézard, un pétale de tulipe, cinq crottes de hibou, deux gouttes de bave d'escargot...**
Continue la liste des ingrédients. Trouves-en deux au singulier et deux au pluriel.
Écris-les sur ton cahier.

Les accords dans le groupe du nom

Programmes 2016, ajustements 2018 – Connaissances et compétences associées :
- Maitriser l'orthographe grammaticale de base.
- Comprendre :
  - le fonctionnement du groupe nominal dans la phrase
  - la notion de « chaines d'accords » pour déterminant / nom / adjectif (singulier / pluriel ; masculin / féminin)
- Utiliser des marques d'accord pour les noms et adjectifs épithètes : nombre (-s) et genre (-e)

Séance 1 | Lecture et compréhension du texte

Objectifs
- Comprendre un texte.
- Lire à haute voix.
- Se rappeler les notions de singulier / pluriel.

Organisation Travail collectif et individuel.

Matériel
- Photocopie individuelle du texte *Le sac à dos.* 19. Texte
- Facultatif : le même texte reproduit ou vidéoprojeté collectivement au tableau.
- Crayons de couleur ou surligneurs.

Déroulement

Le sac à dos

Ce soir, Élysa prépare ses affaires pour aller dormir chez sa copine.
Elle prend son sac à dos et commence à y mettre des vêtements :
un pyjama chaud, une culotte rayée, son pantalon rouge, sa robe neuve,
son collant noir et une belle ceinture…
« N'oublie pas ta brosse à dents ! dit Maman.
– Ça y est, mon sac est prêt ! répond Élysa.
Maman s'approche, elle soulève le sac, en s'écriant :
– Comme il est lourd ! Mais qu'est-ce que tu as mis dans ce sac ?
– Les haltères de Papa ! C'est pour ma copine, je la trouve un peu maigre,
elle a besoin de faire un peu de musculation ! répond Élysa
d'un air très sérieux.
– Alors… bonne musculation ! » dit Maman.

- Faire lire silencieusement le texte.
- Questionner les élèves pour contrôler la compréhension :

De qui parle-t-on ? Que fait-elle ? Pourquoi ce sac est-il si lourd ?

- Faire une lecture magistrale expressive.
- Faire lire à haute voix par un ou deux élèves.
- Organiser une lecture « dialoguée » : désigner 3 élèves (Élysa, sa mère et le narrateur).
- Faire chercher dans le texte et surligner (ou souligner) les groupes de mots qui indiquent les vêtements que la fillette met dans son sac.
- Les faire lire à haute voix en demandant aux élèves de préciser oralement pour chaque groupe s'il est singulier ou pluriel (si Élysa a un ou plusieurs vêtements de chaque sorte).

→ Un pyjama chaud, une culotte rayée, son pantalon rouge, sa robe neuve, son collant noir et une belle ceinture.

- Faire conclure que tous les groupes sont au singulier (un seul pyjama, un seul pantalon, etc.).
- Demander aux enfants de modifier oralement le texte et de le relire en imaginant qu'Élysa parte plusieurs jours chez sa copine et emporte plusieurs vêtements de chaque sorte.
- Donner un exemple en amorçant le début de l'énumération

« Elle prend son sac à dos et commence à y mettre des vêtements : deux pyjamas chauds, … »

Encourager les enfants à faire des propositions différentes (trois, plusieurs, cinq, des, etc.).

- Demander aux élèves ce que l'on entend comme changement dans chaque groupe : « un pyjama chaud / deux pyjamas chauds », « une culotte rayée / cinq culottes rayées ».
- Faire conclure qu'à l'oral, seul le déterminant a changé.

Séance 2 | Découverte de la notion

Objectifs	– Comprendre que, dans le groupe du nom, tous ses « compagnons » s'accordent avec lui en nombre. – Savoir que l'accord en nombre se marque généralement par l'ajout du « s ».
Organisation	Travail collectif et individuel.
Matériel	– Texte *Le sac à dos.* 19. Texte – Colliers-figurines (déterminant, adjectif, nom commun). – Étiquettes collectives. 19. Mise en scène 1re étape : un · une · des · le · la · les · trois · sa ma · mes · son · pyjama · robe · S x 3 2e étape : robes · pyjamas · chaud · chauds rouge · rouges · neuve · neuves

Déroulement

Rappel de la séance précédente

Faire une lecture magistrale du texte en marquant bien l'intonation.

Mise en scène

Première étape

- Distribuer les étiquettes aux élèves.
- Faire venir au tableau, face à la classe, les deux élèves qui possèdent les étiquettes pour former le groupe [un] [pyjama].
- Faire identifier la nature des mots (déterminant et nom commun) et donner aux enfants les colliers-figurines  et .
- Demander aux élèves si le groupe « *un pyjama* » est écrit au singulier ou au pluriel.

• Faire justifier en rappelant que c'est le déterminant qui nous indique le nombre (un seul donc singulier).

• Faire permuter les élèves pour remplacer le déterminant « *un* » par le déterminant « *des* » et faire préciser que « *des* » est un déterminant pluriel (article).

• Demander aux élèves si le groupe est écrit correctement et s'ils savent ce qu'il faut faire pour corriger.

• Faire venir un élève qui possède l'étiquette S pour se placer à la fin du mot « pyjama » en faisant justifier l'ajout du « s » → des pyjama**S**

• Poursuivre en faisant changer successivement le déterminant (singulier ou pluriel) et en interrogeant à chaque fois les enfants : faut-il ajouter un « s » ou pas au nom ? Faire remarquer que certains déterminants ne sont pas compatibles avec le nom (féminin / masculin). Faire justifier dans tous les cas et faire valider par le groupe classe.

• Adopter la même démarche en partant du groupe nominal une robe.

• Faire conclure, que si le déterminant est au pluriel, il faut ajouter un « s » à la fin du nom.

Deuxième étape

• Avec l'ensemble des étiquettes, afficher au tableau le groupe un pyjama chaud.

• Demander aux élèves de trouver quel groupe on obtient si l'on remplace le déterminant « un » par le déterminant « des » (article).

• Envoyer un élève au tableau pour écrire le nouveau groupe « *des pyjamas chauds* ».

• Repasser les « s » en rouge et flécher en couleur la chaine d'accords.

• On obtient : un pyjama chaud

*des pyjama**s** chaud**s***

• Adopter la même démarche avec le groupe : ma robe neuve

*mes robe**s** neuve**s***

• Faire conclure que : dans le groupe du nom, quand le déterminant est au singulier, tous les mots du groupe sont au singulier ; quand le déterminant est au pluriel, tous les mots du groupe sont au pluriel.

Séance 3 | Construction de la notion

Objectifs
- Comprendre que, dans le groupe du nom, c'est le déterminant qui indique le nombre.
- Comprendre que tous « les compagnons » du nom s'accordent.
- Marquer les accords en nombre dans le groupe en ajoutant « s ».

Organisation Travail de recherche en binôme et collectif puis travail collectif.

Matériel
- Une feuille de recherche par binôme.
- Une liste de mots par binôme. 19. Manipulations en binôme
- La même liste de mots sur de grandes étiquettes. 19. Manipulations collectives

Déroulement

Manipulations et recherches

• Procéder à un rappel de la séance précédente.

Tracer quatre colonnes au tableau et afficher en haut des deux premières les figurines Déterminant et Nom commun. Utiliser les étiquettes collectives de la séance précédente pour afficher les groupes nominaux dans les colonnes.

un	pyjama	chaud	singulier ou pluriel
ma	robe	neuve	singulier ou pluriel
…	…	…	singulier ou pluriel

Faire lire les groupes nominaux et faire rappeler que, dans le groupe du nom, quand le déterminant est au singulier, tous les mots du groupe sont au singulier ; quand le déterminant est au pluriel, tous les mots du groupe sont au pluriel. On ajoute le plus souvent un « s » pour marquer le pluriel.

• Faire distribuer les feuilles de recherche aux binômes.

Laisser les élèves observer la feuille de recherche. Expliquer aux élèves que chaque groupe du nom doit être composé de trois mots.

Expliquer aux élèves :

– Qu'ils devront compléter le groupe de mots avec des mots de la liste.

– Que chaque mot ne pourra être utilisé qu'une seule fois et, dès qu'il sera utilisé, il faudra le barrer dans la liste pour ne plus s'en servir (insister sur le fait de barrer les mots utilisés).

– Que, dans le groupe, tous les mots devront s'accorder.

• Faire observer l'exemple « *un manteau blanc* » et faire entourer « singulier » ou « pluriel » suivant le cas.

• Pendant le temps de recherche, circuler auprès des élèves pour observer et apporter de l'aide.

• Organiser une mise en commun.

Faire lire les groupes de mots et envoyer au tableau des élèves placer les étiquettes. Faire justifier les choix en insistant sur les marques du pluriel.

Synthèse, élaboration de la règle (Mémo) et carte mentale

Les accords dans le groupe du nom

Dans le groupe du nom, tous les mots du groupe s'accordent.

Quand le déterminant est au singulier, tous les mots du groupe sont au singulier.

Quand le déterminant est au pluriel, tous les mots du groupe sont au pluriel. Pour marquer le pluriel, le plus souvent, on ajoute la lettre « **s** ».

Exemple : *un pyjama chaud* → ***des** pyjama**s** chaud**s***
une robe courte → ***des** robe**s** courte**s***

19. Mémo

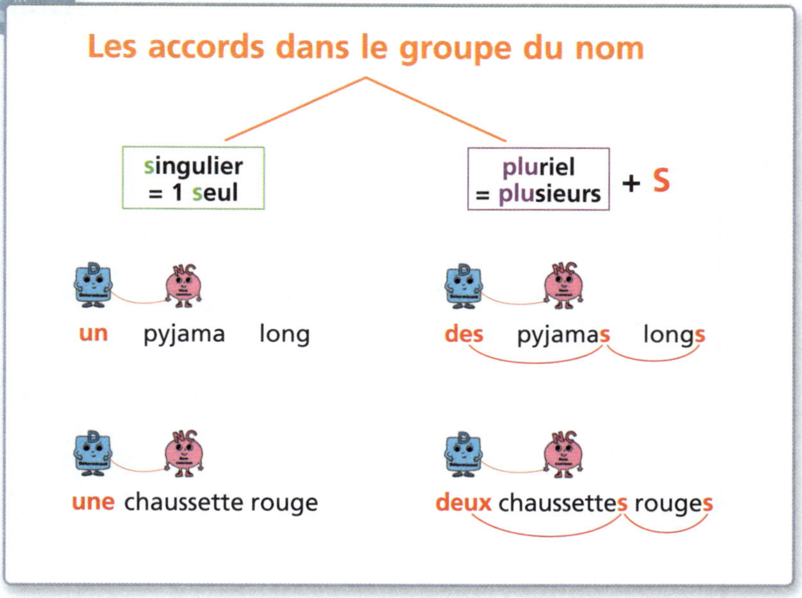

19. Carte mentale

Séances 4 et 5 | Exercices de systématisation et court projet d'écriture

Objectifs
- Mémoriser les notions essentielles.
- Réinvestir ses connaissances dans des exercices d'application.

Organisation Travail individuel, correction individuelle ou collective.

Matériel
- Photocopies de la fiche élève n° 19 et son corrigé.
  19. Fiche élève et 19. Fiche élève corrigée
- Cahier d'essai.

Compétences abordées :

Ex. 1 : Savoir trouver les accords dans le groupe du nom.
Ex. 2 : Identifier le nombre d'un groupe du nom.
Ex. 3 et 4 : Savoir compléter le groupe du nom en respectant les accords.
Ex. 5 et 6 : Savoir accorder les composants du groupe du nom en nombre.

19 Les accords dans le groupe du nom

Prénom : ....

Je m'entraine

1 Écris si le groupe du nom est au singulier ou au pluriel.

un crayon .... des gâteaux ....

ces vélos .... cinq jeunes garçons ....

ta gomme blanche .... les délicieuses glaces ....

ma trousse verte .... cette petite fille ....

2 Complète le groupe du nom avec un article qui convient.

.... sac .... gants chauds

.... chaussures .... écharpes colorées

.... chapeau pointu .... bonnet tricoté

.... bottes fourrées .... ceinture usée

3 Complète le groupe du nom avec un nom qui convient.

des .... frisés un méchant ....

une .... gentille les vieilles ....

des .... sages des .... drôles

4 Récris le groupe du nom en le mettant au pluriel.

ma grande sœur →

une jolie poupée →

la nouvelle élève →

19

un animal féroce →

le château abandonné →

5 Récris le groupe du nom en le mettant au singulier.

deux chats perdus →

mes chiens malades →

des cochons sales →

des vieilles juments →

les jeunes renards →

6 Relie d'un trait les mots qui s'accordent.

un •	• petite •	• chat •	• noirs
une •	• petits •	• chatte •	• noires
deux •	• petit •	• chattes •	• noir
les •	• petites •	• chats •	• noire

J'écris

7 Récris ce texte sur ton cahier en ajoutant des mots pour préciser les noms écrits en gras. Attention aux accords !

Pour son anniversaire, Léonie a reçu des cadeaux : une **poupée**, un **ballon**, une **robe**, des **chaussures**, des **chocolats**.
« Tu as été trop gâtée ! » dit sa maman.

Conjuguer les verbes *être*, *avoir* et les verbes du 1er groupe au futur

Programmes 2016, ajustements 2018 – Connaissances et compétences associées :

- Maitriser l'orthographe grammaticale de base.
- Identifier le radical et la terminaison du verbe.
- Trouver l'infinitif d'un verbe conjugué.
- Mémoriser le futur pour *être* et *avoir*.
- Mémoriser le futur pour les verbes du 1er groupe.

Séance 1 | Lecture et compréhension du texte

Objectifs	– Comprendre un texte. – Lire à haute voix. – Se familiariser avec la conjugaison des verbes *être*, *avoir*, et quelques verbes du 1er groupe au futur.
Organisation	Travail collectif et individuel.
Matériel	– Photocopie individuelle du texte *Quand nous serons grands*. – Facultatif : le même texte reproduit ou vidéoprojeté collectivement au tableau.

Déroulement

Quand nous serons grands

Dans la cour de récréation, les discussions vont bon train.
« Moi, plus tard, je serai présidente de la République, j'aurai un avion pour moi toute seule et je porterai des messages de paix dans le monde entier, déclare Alice. Et toi, Arthur ? Qu'est-ce que tu seras ?
– Oh ! Moi, je serai critique de dessins animés, je regarderai la télé toute la journée et je mangerai des tas de friandises !
– Tu porteras ton déguisement de Spiderman… Tu regarderas la télé, tu mangeras trop de bonbons, tu auras plein de caries et tu seras obèse ! ajoute Alice d'un air moqueur.
– Et vous, les jumeaux ?
– Nous, nous serons clowns dans un cirque, nous porterons des habits farfelus, nous aurons beaucoup de succès et nous regarderons le spectacle depuis les coulisses !
– Vous serez clowns ? Vous porterez des chaussures gigantesques et vous aurez un gros nez rouge ! répond Alice en riant.
– Et Lulu qui adore faire des gâteaux, devinez… il portera une toque blanche… il aura un grand tablier… il sera… chef cuisinier ; et nous irons manger tous les jours dans son restaurant !
Tout le monde éclate de rire…
Le directeur s'approche alors et interrompt les amis :
– Voici des enfants qui n'ont pas entendu la sonnerie. S'ils ne se dépêchent pas, ils seront en retard et ils auront tous une punition ! »

- Faire lire silencieusement le texte.
- Questionner les élèves pour contrôler la compréhension :

Où se passe l'histoire ? Quels sont les personnages ? Combien sont-ils ? Un enfant ne parle pas, lequel ? Quels métiers les enfants veulent-ils exercer plus tard ?

- Faire une lecture magistrale expressive.
- Faire lire le titre à haute voix et faire trouver le temps les enfants utilisent (futur).
- Écrire « FUTUR » en haut du tableau.
- Organiser une lecture dialoguée : désigner 7 élèves (Alice, Arthur, les jumeaux, Lulu, le directeur et un narrateur)
- Faire une seconde lecture en changeant les lecteurs.
- Faire souligner dans le texte tous les verbes conjugués au futur et les faire relire à haute voix.

Séance 2 | Découverte de la notion

Objectifs	– Se familiariser à l'oral avec la conjugaison des verbes *être*, *avoir*, et quelques verbes du 1er groupe au futur. – Identifier des formes verbales écrites des verbes *être*, *avoir*, et de quelques verbes du 1er groupe au futur : porter, regarder, manger. – Distinguer la partie fixe (radical) de la terminaison d'un verbe. – Repérer les régularités des terminaisons du futur.
Organisation	Travail collectif.
Matériel	– Texte *Quand nous serons grands* photocopié pour chaque élève. 20. Texte – Collier-figurine Verbe et collier-figurine Pronom personnel. – Étiquettes collectives [je porterai] [tu porteras] [il portera] [nous porterons] [vous porterez] [ils porteront] [je regarderai] [tu regarderas] [nous regarderons] [je mangerai] [tu mangeras] – Cahier d'essai. – Un crayon rouge par élève.

Déroulement

Rappel de la séance précédente

Faire une lecture magistrale du texte en marquant bien l'intonation.

Mise en scène

Première étape

• Faire rappeler le texte *Quand nous serons grands* et éventuellement le relire à haute voix.

• Écrire le titre au tableau, faire trouver le verbe et le pronom personnel, puis afficher les figurines V et PP au-dessus.

• Faire rappeler le temps de conjugaison des phrases employées par les enfants (futur).

• Appeler 4 élèves au tableau et organiser un petit dialogue entre les élèves pour faire manipuler oralement les formes verbales.

Exemple :

Alice : *je serai* présidente

Arthur : *je serai* critique de dessins animés

Alice à Arthur : *tu seras* obèse

Les jumeaux : *nous serons* clowns

Alice aux jumeaux : *vous serez* clowns

Alice en parlant de Lulu : *il sera* chef cuisinier

Le directeur en parlant des enfants : *ils seront* en retard

Tous : *nous serons en retard*

Faire trouver l'infinitif du verbe employé, écrire *être* au tableau et demander aux élèves de dicter la conjugaison entière, l'écrire au fur et à mesure au tableau sous forme de colonne (*je serai, tu seras, il sera,* etc.).

• Faire relire à haute voix par plusieurs enfants.

• Changer les élèves acteurs et de la même manière faire manipuler les formes verbales du verbe *avoir*.

Alice : *j'aurai un avion*

Arthur à Alice : *tu auras* un avion

Alice à Arthur : *tu auras* plein de caries

Les jumeaux : *nous aurons* du succès

Alice aux jumeaux : *vous aurez* un nez rouge

Le directeur en parlant des enfants : *ils auront* une punition

• Faire trouver l'infinitif du verbe employé, écrire *avoir* au tableau et demander aux élèves de dicter la conjugaison entière, l'écrire au fur et à mesure au tableau sous forme de colonne (*j'aurai, tu auras, il aura,* etc.).

• Faire relire à haute voix par plusieurs enfants.

• Faire sortir l'ardoise et faire écrire :

je serai / j'aurai

tu seras / tu auras

nous serons / nous aurons

Faire relire en appuyant la voix sur : *je / -**rai***   *tu / -**ras***   *nous / -**rons***

Faire entourer en rouge les terminaisons **-rai, -ras, -rons**.

Deuxième étape

• Distribuer les étiquettes collectives (1 pour 2 élèves).

• Faire venir au tableau les élèves qui possèdent les trois formes verbales [je porterai] [je regarderai] [je mangerai]

• Faire lire à haute voix et faire remarquer les similitudes (la personne de conjugaison **je** et la terminaison **r-ai**)

Relire en appuyant la voix sur ***je*** et ***rai.***

• Appeler les élèves qui possèdent les trois formes verbales [tu porteras] [tu regarderas] [tu mangeras] et poursuivre de la même manière (***tu*** et ***r-as***).

• Faire trouver pour chaque forme verbale l'infinitif (porter, regarder, manger).

• Renvoyer les élèves à leur place et demander à ceux qui possèdent des formes verbales du verbe « porter » de les lire à haute voix.

• Faire venir au tableau les élèves qui possèdent [je porterai] [tu porteras] [il portera]

Faire lire à haute voix par plusieurs élèves du groupe classe.

Faire identifier les pronoms personnels et le verbe.

Rappeler son infinitif.

Faire observer les terminaisons avec *je → rai, avec tu → ras, avec il → ra.*

• Faire découper les étiquettes pour isoler le pronom et le verbe. Conserver les étiquettes à l'écart.

• Procéder de la même façon avec les formes [nous porterons] [vous porterez] [ils porteront]

• Afficher au tableau les étiquettes des 6 pronoms personnels de conjugaison et des 11 formes verbales.

• Envoyer 2 élèves au tableau et donner à l'un le collier-figurine Pronom personnel et à l'autre le collier Verbe.

• Leur demander de prendre les bonnes étiquettes pour former le groupe [je porterai]

• Faire lire et valider par la classe.

• Faire changer le pronom personnel *je* en le remplaçant par *tu* et demander quel autre changement il faut faire.

• Faire lire et valider par la classe (*tu porteras*).

• Poursuivre de la même manière en remplaçant *tu* par *il (il portera).*

• Faire remplacer : *il* par *nous, nous* par *ils, ils par vous*, etc.

• Insister sur la prononciation identique malgré la différence entre l'écriture de « *porteras* » et celle de « *portera* ». *tu → ras il → ra*

Faire la même remarque sur « *porterons* » et « *porteront* ». *nous → rons ils → ront*

• Renvoyer les élèves à leur place et afficher au tableau, en colonne, les étiquettes de la conjugaison entière du verbe « porter » au futur.

Dans une deuxième colonne, afficher les 3 formes du verbe « regarder » (je regarderai..., tu... nous...).

Dans une troisième colonne, afficher les 2 premières formes du verbe « manger » (je mangerai..., tu...).

• Faire relire à haute voix la conjugaison du verbe « porter » et demander aux élèves d'essayer de trouver (oralement) la conjugaison entière du verbe « regarder » et celle du verbe « manger » au futur.

Appropriation individuelle

• Demander aux élèves de copier sur leur cahier d'essai la conjugaison complète du verbe « porter » au futur.

• Faire entourer en rouge les terminaisons -**rai**, -**ras**, -**ra**, -**rons**, -**rez**, -**ront**.

• Conserver la conjugaison du verbe « porter » sur une affiche pour la séance suivante.

Séance 3 | Construction de la notion

Objectifs

- Conjuguer au futur les verbes *être*, *avoir*, et quelques verbes du 1er groupe : chanter, regarder, manger.
- Repérer les régularités des terminaisons du futur et les mémoriser.
- Découvrir la construction du futur : verbe à l'infinitif + terminaison.

Organisation

Travail de recherche en binôme puis travail collectif.

Matériel

- Affiches de la conjugaison des verbes *être*, *avoir* et du verbe « porter » au futur (séance précédente).
- Figurines Pronom personnel et Verbe à l'infinitif.
- Une feuille de recherche par binôme. 20. Manipulations en binôme
- Une photocopie des étiquettes par binôme.
- Les étiquettes des trois verbes [chanter] [regarder] [manger] agrandies. 20. Manipulations collectives

Déroulement

• Rappeler la séance précédente en faisant relire l'affiche des verbes « porter », « avoir » et « être ».

- Rappeler qu'il s'agit de la conjugaison du futur et écrire le mot au tableau. Faire redéfinir le temps futur qui exprime ce qui n'est pas encore arrivé.
- Tracer 4 colonnes au tableau, afficher la figurine Pronom personnel en haut de la 1re colonne et demander aux enfants de citer les pronoms personnels qui sont utilisés pour conjuguer un verbe. Les écrire au tableau, l'un en dessous de l'autre, au fur et à mesure, sous la figurine correspondante.
- Faire lire à haute voix les terminaisons du futur dans chaque verbe.
- Afficher au tableau les étiquettes [chanter] [regarder] [manger] en haut des trois autres colonnes. Les faire lire à haute voix, faire préciser que ce sont des verbes à l'infinitif et afficher la figurine Verbe à l'infinitif associée.
- Faire remarquer que ces verbes se terminent par « ER » comme le verbe « porter » et que sa conjugaison servira de modèle.
- Expliquer aux élèves qu'ils vont devoir conjuguer ces 3 verbes au futur.
- Séparer la classe en 3 groupes, et attribuer à chacun un verbe qu'il devra conjuguer. Vérifier la compréhension de la consigne et faire répéter à chaque binôme le verbe qui leur est attribué.
- Distribuer une feuille de recherche aux binômes de chaque groupe.
- Expliquer aux enfants qu'ils doivent compléter la conjugaison du verbe en utilisant les étiquettes.

Faire découper les étiquettes verbe et les étiquettes des terminaisons puis demander aux élèves de les coller pour former la conjugaison entière du verbe.

- Faire reformuler et éventuellement donner un exemple.
- Laisser un temps de recherche suffisant, circuler entre les groupes et apporter de l'aide si nécessaire.
- Procéder à une mise en commun au tableau.

Les élèves de chaque groupe dictent, à tour de rôle, les formes verbales, en épelant les terminaisons. L'enseignant les écrit lisiblement au tableau.

- À la fin de la conjugaison de chaque verbe, un élève vient relire et entourer en rouge les terminaisons.
- Faire relire verticalement la conjugaison au futur des verbes : *chanter, regarder, manger*, en faisant épeler la terminaison.

Exemple : *je chanterai – ai, tu chanteras – as*, etc.

- Faire relire horizontalement : *je chanterai – ai, je regarderai – ai, je mangerai – ai, tu chanteras – as, tu parleras – as*, etc.
- Faire remarquer que, pour écrire un verbe au futur, on écrit le verbe à l'infinitif (on garde « er ») et on ajoute la terminaison :

Exemple : chanter + ons → nous chante**r**ons

Alors que, pour écrire un verbe au présent, on supprime « er » et on ajoute la terminaison :

Exemple : chant~~er~~ + ons → nous chantons

Synthèse, élaboration de la règle (mémo) et carte mentale

Conjuguer les verbes *être*, *avoir* et les verbes du 1er groupe au futur

Au futur, tous les verbes conjugués s'écrivent avec les mêmes terminaisons :

a as a ons ez ont

Futur → je **chanter + ai** — nous **chanter + ons**
tu **chanter + as** — vous **chanter + ez**
il / elle **chanter + a** — ils / elles **chanter + ont**

Exemples : je serai, tu auras, il / elle chantera, nous mangerons, vous chanterez, ils / elles regarderont

20. Mémo

	ÊTRE	AVOIR	PORTER	CHANTER
je / j'	je serai	j' aurai	je porterai	je chanterai
tu	tu seras	tu auras	tu porteras	tu chanteras
il / elle	il / elle sera	il / elle aura	il / elle portera	il / elle chantera
nous	nous serons	nous aurons	nous porterons	nous chanterons
vous	vous serez	vous aurez	vous porterez	vous chanterez
ils / elles	ils / elles seront	ils / elles auront	ils / elles porteront	ils / elles chanteront

20. Tableau de conjugaison

Séances 4 et 5 | Exercices de systématisation et court projet d'écriture

Objectifs	– Mémoriser les notions essentielles. – Réinvestir ses connaissances dans des exercices d'application.
Organisation	Travail individuel, correction individuelle ou collective.
Matériel	– Photocopies de la fiche élève n° 20 et son corrigé. 20. Fiche élève et 20. Fiche élève corrigée – Cahier d'essai.

Compétences abordées :

Ex. 1 : Savoir identifier des phrases écrites au futur.
Ex. 2 et 3 : Savoir relier un sujet à un verbe conjugué au futur.
Ex. 4 : Savoir associer un verbe conjugué au futur à un pronom personnel sujet.
Ex. 5 et 6 : Savoir conjuguer un verbe au futur en changeant le sujet.

20 Les verbes *être*, *avoir* et les verbes du 1er groupe au futur

Prénom : ....

Je m'entraine

❶ Souligne les phrases au futur.

Hier, j'ai dormi chez ma grand-mère.
L'année prochaine, je jouerai au tennis.
En ce moment, le vent souffle très fort.
À la rentrée, nous serons tous en CE2.
Nous aurons un nouveau maitre.
Ma voisine rentrera bientôt de vacances.

❷ Relie chaque sujet à son verbe conjugué au futur.

Je •	• auras un vélo neuf à Noël.
Ma sœur et moi •	• nagerons dans la mer cet été.
Camille •	• joueront un match de basket.
Vous •	• serai fatiguée après la course.
Tu •	• chantera devant un public.
Mes copains •	• aurez un nouveau voisin.

❸ Choisis la forme du verbe qui convient et récris la phrase.

Je seras / sera / serai content quand j' aurez / aurai / auras un petit chien.

Dans deux ans, nous achèteront / achèterons / achètera une nouvelle voiture.

Quand il fera beau, les enfants jouerons / joueront / jouent dehors.

20

❹ Complète chaque phrase avec le pronom personnel qui convient.

.... invitera sa nouvelle amie.
.... fermeras la porte.
.... jouerai au badminton.
.... serons en retard.
.... rangerez la classe.
.... écouterons bien la maitresse.
.... regarderont un dessin animé.
.... aurai trop chaud.

❺ Complète les phrases en conjuguant au futur le verbe écrit entre parenthèses.

Demain, nous .... (être) dimanche, mes parents ne .... (travailler) pas.
Mon père et moi .... (laver) la voiture.
Quand vous .... (avoir) dix-huit ans, vous .... (être) majeur.
Bientôt, un nouvel élève .... (arriver) dans la classe.
Tu .... (manger) au restaurant demain soir.

❻ Récris les phrases en changeant de sujet.

Demain, Enzo présentera un livre à ses camarades de classe.
Demain, tu

L'année prochaine, nous préparerons un spectacle.
L'année prochaine, vous

Des élèves rangeront la classe.
Un élève

J'écris

❼ Sur ton cahier, réponds aux questions en imaginant comment sera ton école dans cent ans !

1) À quoi joueront les enfants à la récréation ?
2) Comment les gens se déplaceront-ils ?
3) Que feront les élèves en classe ?
4) Que mangeront les enfants à la cantine ?

Conjuguer les verbes *être*, *avoir* et les verbes du 1er groupe à l'imparfait

Programmes 2016, ajustements 2018 – Connaissances et compétences associées :
- Maitriser l'orthographe grammaticale de base.
- Identifier le radical et la terminaison du verbe.
- Trouver l'infinitif d'un verbe conjugué.
- Mémoriser l'imparfait pour *être* et *avoir*.
- Mémoriser l'imparfait pour les verbes du 1er groupe.

Séance 1 | Lecture et compréhension du texte

Objectifs
- Comprendre un texte.
- Lire à haute voix.
- Se familiariser à l'oral avec la conjugaison des verbes *être*, *avoir*, et quelques verbes du 1er groupe à l'imparfait.

Organisation Travail collectif et individuel.

Matériel
- Photocopie individuelle du texte *La rencontre amoureuse*.
- Facultatif : le même texte reproduit ou vidéoprojeté collectivement au tableau.

Déroulement

La rencontre amoureuse

Papi Jean et Mamie Lucette racontent leur rencontre à leur petite-fille, Noémie.
« Quand j'ai rencontré ton grand-père, j'avais dix-huit ans.
J'étais jeune apprentie dans une boulangerie, raconte Mamie. Tous les matins, il rentrait dans la boutique, il me regardait en souriant et il achetait un pain au chocolat. Il portait presque toujours une chemise bleue.
Il était toujours très pressé et il avait horreur d'attendre pour être servi !
– Et alors ? demande Noémie.
– Alors, un jour, je portais un plateau de croissants chauds quand il a surgi dans la boulangerie… Tu te souviens ? interroge Mamie.
– Oh, oui ! s'exclame Papi. Tu portais une jolie robe rose, tes cheveux étaient relevés en chignon, tu étais ravissante… J'étais si pressé que j'ai percuté violemment ton plateau et tous les croissants ont dégringolé et, toi, en voulant rattraper le plateau, tu es tombée… dans mes bras !
– Vous étiez amoureux ! dit Noémie en éclatant de rire.
Papi soupire :
– Ah ! Nous étions si jeunes et ta grand-mère était si jolie !
– Mais enfin, Papi, pourquoi parles-tu à l'imparfait ? Mamie est encore très jolie à 70 ans ! »

- Faire lire silencieusement le texte.
- Questionner les élèves pour contrôler la compréhension : *Quels sont les personnages ? Qui est Noémie ? Que raconte Mamie Lucette ? À quelle époque se passe la scène que raconte Mamie ?*
- Faire une lecture magistrale expressive.
- Organiser une lecture dialoguée : désigner 4 élèves (un narrateur, Papi, Mamie, Noémie).
- Faire relire la dernière phrase du texte dite par Noémie. Faire entourer le mot « imparfait » et l'écrire au tableau. Expliquer qu'il s'agit d'un temps de conjugaison qui exprime le passé.
- Faire une seconde lecture en changeant les lecteurs.
- Faire rechercher oralement, dans le texte, tous les verbes conjugués à l'imparfait et les faire souligner. Les faire lire à haute voix.

Séance 2 | Découverte de la notion

Objectifs
- Se familiariser à l'oral avec la conjugaison des verbes *être, avoir,* et quelques verbes du 1er groupe à l'imparfait.
- Identifier des formes verbales écrites des verbes *être, avoir* et de quelques verbes du 1er groupe à l'imparfait : porter, regarder, acheter.
- Distinguer la partie fixe (radical) de la terminaison d'un verbe.
- Repérer les régularités des terminaisons de l'imparfait.

Organisation
Travail collectif.

Matériel
- Texte *La rencontre amoureuse* photocopié pour chaque élève. 21. Texte
- Collier-figurine (verbe)
- Étiquettes collectives [je portais] [tu portais] [il portait] [nous portions] [vous portiez] [ils portaient] [je regardais] [tu regardais] [nous regardions] [j'achetais] [il achetait]
- Cahier d'essai.
- Un crayon rouge par élève.

Déroulement

Rappel de la séance précédente

Faire une lecture magistrale du texte en marquant bien l'intonation.

Mise en scène

Première étape

• Faire rappeler le texte *La rencontre amoureuse* et éventuellement le relire à haute voix.

• Faire rappeler le temps de conjugaison de l'histoire (l'anecdote est au passé / certains verbes sont à l'imparfait).

• Écrire au tableau la phrase « *J'avais dix-huit ans, j'étais jeune…* »

• Envoyer un élève souligner les verbes et faire trouver leur infinitif.

J'avais → AVOIR j'étais → ÊTRE

Les écrire au tableau.

• Organiser un petit échange **oral** pour faire manipuler les formes verbales d'*être* et *avoir.*

Mamie parle d'elle, elle dit : « *J'avais dix-huit ans, j'étais jeune...* »

Demander aux élèves ce que l'on dit :

– si l'on parle à quelqu'un que l'on connait et que l'on tutoie → *Tu avais dix-huit ans...*

– si l'on parle à quelqu'un que l'on ne connait pas et que l'on vouvoie → *Vous aviez dix-huit ans...*

– si l'on parle de nous tous, ensemble → *Nous avions dix-huit ans...*

– si l'on parle à deux ou plusieurs personnes d'elles-mêmes → *Vous aviez dix-huit ans...*

– si l'on parle d'un seul garçon → *Il avait dix-huit ans...*

– si l'on parle de plusieurs garçons → *Ils avaient dix-huit ans...*

– si l'on parle d'une seule fille → *Elle avait dix-huit ans...*

– si l'on parle de plusieurs filles → *Elles avaient dix-huit ans...*

• Faire rappeler l'infinitif du verbe employé, écrire *avoir* au tableau et demander aux élèves de dicter la conjugaison entière, l'écrire au fur et à mesure au tableau sous forme de colonne.

• Faire relire à haute voix par plusieurs enfants.

• De la même manière, faire manipuler les formes verbales du verbe *être*.

→ *J'étais jeune*

→ *Tu étais jeune*

→ *Il était jeune*

→ *Elle était jeune*

→ *Nous étions jeunes*

→ *Vous étiez jeunes*

→ *Ils étaient jeunes*

→ *Elles étaient jeunes*

• Faire rappeler l'infinitif du verbe employé, écrire *être* au tableau et demander aux élèves de dicter la conjugaison entière, l'écrire au fur et à mesure au tableau sous forme de colonne.

• Faire relire à haute voix par plusieurs enfants.

• Faire sortir l'ardoise et faire écrire :

j'avais / j'étais

tu avais / tu étais

il avait / il était

nous avions / nous étions

vous aviez / vous étiez

ils avaient / ils étaient

• Faire entourer en rouge les terminaisons -**ais**, -**ais**, -**ait**, -**ions**, -**iez**, -**aient**.

Deuxième étape

• Distribuer les étiquettes collectives (1 pour 2 élèves).

• Faire venir au tableau les élèves qui possèdent les trois formes verbales : [je portais] [je regardais] [j'achetais]

• Faire rappeler que ces verbes sont conjugués à l'imparfait. (On peut proposer un moyen mnémotechnique : à la fin du mot « imparfait », on entend *ait* comme dans les terminaisons.)

• Faire lire à haute voix et faire remarquer les similitudes (le pronom sujet **je** (j') et la terminaison -**ais**)

Relire en appuyant la voix sur ***je*** et ***ais***.

• Appeler les élèves qui possèdent les trois formes verbales [tu portais] [tu regardais] [tu achetais] et poursuivre de la même manière (***tu*** et ***-ais***).

• Faire trouver pour chaque forme verbale l'infinitif (*porter, regarder, acheter*).

• Renvoyer les élèves à leur place et demander à ceux qui possèdent d'autres formes verbales du verbe « porter » de les lire à haute voix.

• Faire venir au tableau les élèves qui possèdent [je portais] [tu portais] [il portait]

Faire lire à haute voix par plusieurs élèves du groupe classe.

Faire identifier les pronoms personnels et le verbe.

Rappeler son infinitif.

Faire observer les terminaisons avec *je → ais*, avec *tu → ais*, avec *il → ait*

• Faire découper les étiquettes pour isoler le pronom et le verbe. Conserver les étiquettes à l'écart.

• Procéder de la même façon avec les formes [nous portions] [vous portiez] [ils portaient]

• Afficher au tableau les étiquettes des 6 pronoms personnels de conjugaison et celles des formes verbales.

• Envoyer 2 élèves au tableau et donner à l'un le collier-figurine Pronom personnel et à l'autre le collier Verbe.

• Leur demander de prendre les bonnes étiquettes pour former le groupe [je portais]

• Faire lire et valider par la classe.

• Faire changer le pronom *je* en le remplaçant par *tu*. Faire lire et valider par la classe (*tu portais*) et faire constater que la terminaison du verbe ne change pas.

• Poursuivre de la même manière en remplaçant *tu* par *il* en faisant changer le verbe *(il portait)*.

• Faire remplacer : *il* par *nous, nous* par *ils, ils par vous*, etc.

• Insister sur la prononciation identique malgré la différence entre l'écriture de « *portais* » et « *portait* », « *portaient* »

je / tu → ais   *il → ait*   *ils → aient*

• Renvoyer les élèves à leur place et afficher au tableau, en colonne, les étiquettes de la conjugaison entière du verbe « PORTER » à l'imparfait.

• Faire repérer la partie commune (radical) dans les différentes formes verbales → « port »

Dans une deuxième colonne, afficher, pour le verbe « REGARDER », les étiquettes [je regardais] [tu regardais] [nous regardions]

Dans une troisième colonne, afficher, pour le verbe « ACHETER », les étiquettes [j'achetais] [il achetait]

• Faire relire à haute voix la conjugaison du verbe « porter » et demander aux élèves d'essayer de trouver (oralement) la conjugaison entière du verbe « regarder » et celle du verbe « acheter » à l'imparfait.

Appropriation individuelle

• Demander aux élèves de copier sur leur cahier d'essai la conjugaison complète du verbe « porter » à l'imparfait.

• Faire entourer en rouge les terminaisons -**ais**, -**ais**, -**ait**, -**ions**, -**iez**, -**aient**.

• Conserver la conjugaison du verbe « porter » sur une affiche pour la séance suivante.

Séance 3 | Construction de la notion

Objectifs	– Conjuguer à l'imparfait les verbes *être*, *avoir*, et quelques verbes du 1er groupe : porter, chanter, marcher. – Repérer les régularités des terminaisons de l'imparfait et les mémoriser. – Découvrir la construction de l'imparfait (radical du verbe + terminaison).
Organisation	Travail de recherche en binôme puis travail collectif.
Matériel	– Affiches de la conjugaison des verbes *être*, *avoir* et du verbe « porter » à l'imparfait (séance précédente). Manipulations collectives [parler] [chanter] [marcher] Manipulations en binômes – Une feuille de recherche par binôme. 21. Manipulations en binôme – Une photocopie des étiquettes par binôme

Déroulement

• Rappeler la séance précédente en faisant relire l'affiche des verbes « porter », « avoir » et « être ».

• Rappeler qu'il s'agit de l'imparfait et écrire le mot au tableau. Faire redéfinir le temps imparfait qui exprime ce qui est passé

• Tracer 4 colonnes au tableau, afficher la figurine Pronom personnel en haut de la 1re colonne et demander aux enfants de citer les pronoms personnels qui sont utilisés pour conjuguer un verbe. Les écrire au tableau, l'un en dessous de l'autre, au fur et à mesure, sous la figurine correspondante.

• Faire lire à haute voix les terminaisons de l imparfait dans chaque verbe.

• Afficher au tableau les étiquettes [chanter] [parler] [marcher] en haut des trois autres colonnes. Les faire lire à haute voix, faire préciser que ce sont des verbes à l'infinitif et afficher la figurine Verbe à l'infinitif associée.

• Faire remarquer que ces verbes se terminent par « ER » comme le verbe « porter » et que sa conjugaison servira de modèle.

• Expliquer aux élèves qu'ils vont devoir conjuguer ces 3 verbes à l'imparfait.

• Séparer la classe en 3 groupes, et attribuer à chacun un verbe qu'il devra conjuguer. Vérifier la compréhension de la consigne et faire répéter à chaque binôme le verbe qui lui est attribué.

• Distribuer une feuille de recherche aux binômes de chaque groupe.

• Expliquer aux enfants qu'ils doivent compléter la conjugaison du verbe en utilisant les étiquettes.

• Faire découper les étiquettes du verbe et faire trouver la partie commune (radical) en supprimant « er », puis faire découper les étiquettes des terminaisons.

• Demander aux élèves de les coller pour former la conjugaison entière du verbe.

• Faire reformuler et éventuellement donner un exemple.

• Laisser un temps de recherche suffisant, circuler entre les groupes et apporter de l'aide si nécessaire.

• Procéder à une mise en commun au tableau.

Les élèves de chaque groupe dictent, à tour de rôle, les formes verbales, en épelant les terminaisons. L'enseignant les écrit lisiblement au tableau.

• À la fin de la conjugaison de chaque verbe, un élève vient relire et entourer en rouge les terminaisons.

• Faire relire verticalement la conjugaison à l'imparfait des verbes chanter, parler, marcher en faisant épeler la terminaison :

Exemple : *je chantais – ais, tu chantais – ais, il chantait – ait…*

• Faire relire horizontalement : *je chantais – ais, je parlais – ais, je marchais – ais… tu chantais – ais, tu parlais – ais, tu marchais – ais…*

Faire rappeler que pour écrire un verbe à l'imparfait, on fait comme pour le présent, on supprime « er » et on ajoute la terminaison.

Exemple :

au présent chant~~er~~ → nous chant ***ons***

à l'imparfait chant~~er~~ → nous chant ***ions***

Synthèse, élaboration de la règle (mémo) et carte mentale

Conjuguer les verbes *être*, *avoir* et les verbes du 1er groupe à l'imparfait

À l'imparfait, tous les verbes conjugués s'écrivent avec les mêmes terminaisons :

ais ais ait ions iez aient

Imparfait →

je **chant** + **ais**	nous **chant** + **ions**
tu **chant** + **ais**	vous **chant** + **iez**
il / elle **chant** + **ait**	ils / elles **chant** + **aient**

Exemples : j'étais, tu avais, il / elle chantait, nous parlions, vous marchiez, ils / elles regardaient

21. Mémo

	ÊTRE	AVOIR	PORTER	CHANTER
je / j'	j' ét**ais**	j' av**ais**	je port**ais**	je chant**ais**
tu	tu ét**ais**	tu av**ais**	tu port**ais**	tu chant**ais**
il / elle	il / elle ét**ait**	il / elle av**ait**	il / elle port**ait**	il / elle chant**ait**
nous	nous ét**ions**	nous av**ions**	nous port**ions**	nous chant**ions**
vous	vous ét**iez**	vous av**iez**	vous port**iez**	vous chant**iez**
ils / elles	ils / elles ét**aient**	ils / elles av**aient**	ils / elles port**aient**	ils / elles chant**aient**

21. Tableau de conjugaison

Séances 4 et 5 | Exercices de systématisation et court projet d'écriture.

Objectifs
- Mémoriser les notions essentielles.
- Réinvestir ses connaissances dans des exercices d'application.

Organisation Travail individuel, correction individuelle ou collective.

Matériel
- Photocopies de la fiche élève n° 21 et son corrigé.

21. Fiche élève et 21. Fiche élève corrigée

Compétences abordées :

Ex. 1 : Savoir identifier des phrases écrites à l'imparfait.
Ex. 2 et 3 : Savoir relier un sujet à un verbe conjugué à l'imparfait.
Ex. 4 : Savoir associer un verbe conjugué à l'imparfait à un pronom personnel sujet.
Ex. 5 et 6 : Savoir conjuguer un verbe à l'imparfait en changeant le sujet.

21

Les verbes *être*, *avoir* et les verbes du 1er groupe à l'imparfait

Prénom : ....

Je m'entraine

❶ Souligne les phrases écrites à l'imparfait.

Quand j'étais petit, j'avais un hamster.

Mon frère est tombé de son vélo.

Pendant l'orage, la pluie tombait sans s'arrêter.

Dans sa jeunesse, mon grand-père jouait au rugby.

Hier, maman a cassé un vase.

Autrefois, on lavait le linge à la main.

❷ Relie chaque sujet à son verbe conjugué.

La maitresse •	• préparais de délicieux gâteaux.
Tous les enfants •	• aimions beaucoup le chocolat.
Vous •	• dessiniez un paysage d'hiver.
Mon père •	• chantaient dans le car.
Tu •	• était absente.
Ma sœur et moi •	• bricolait souvent.

❸ Choisis la forme du verbe qui convient et récris la phrase.

Il y a dix ans, tu arrivais / arrivait / arrivaient en France.

Jadis, les enfants travaillait / travaillais / travaillaient dans les champs.

Il y a trois ans, mes parents avait / avaient / avais un cheval.

21

❹ Complète chaque phrase avec un pronom personnel qui convient.

.... coupait du bois.	.... aviez très soif.
.... réparaient les voitures.	.... portais un sac très lourd.
.... soignais les malades.	.... écoutions de la musique.
.... étions en avance.	.... avais mal aux pieds.
.... parlais italien.	.... regardions les étoiles.

❺ Complète les phrases en conjuguant à l'imparfait le verbe écrit entre parenthèses.

Nous .... (avoir) très froid dans la classe, car le chauffage .... (être) en panne.

Je .... (jouer) aux échecs tous les soirs avec mon grand-père.

Mon père .... (jardiner) avec moi, nous .... (arracher) les mauvaises herbes.

Elles .... (parler) trop fort, elles .... (déranger) les autres élèves.

❻ Récris les phrases en changeant de sujet.

Hier, Lucette plantait des fleurs dans son jardin.

Hier, tu

Autrefois, nous mangions à la lueur des bougies.

Autrefois, vous

Petite, je sautais dans les flaques d'eau.

Petites, Claire et Lulu

J'écris

❼ Sur ton cahier écris une phrase pour chaque image en expliquant comment vivaient les gens il y a cent ans.

Commence par : Autrefois, ...

Bibliographie

Publications officielles

- Programmes officiels parus dans le B.O. n° 30 du 26 juillet 2018.
- Programmes officiels parus dans le B.O. de juin 2015.
- Bentolila A., en collaboration avec Desmarchelier D. et Orsenna E., *Rapport de mission sur l'enseignement de la grammaire*, 29 novembre 2006.

Actes et ouvrages théoriques

- Actes de la journée de l'ONL, *Enseigner la lecture : orthographe et grammaire*, ONL, 2006.
- Dion J., Serpereau M., *Grammaire, conjugaison, orthographe, cycle 3*, Bordas, 2002.
- Mangenot F., « Situations de formation aux activités grammaticales à l'école : de la didactique des langues à celle du français », *in* Garcia-Debanc C., Confais J.-P. & Grandaty M. (éds.), *Enseigner la grammaire à l'école et au collège*, Paris, Delagrave & CRDP de Toulouse, 2002, pp. 365-378.
- Ros-Dupont M., Binisti P., *Observation réfléchie de la langue, cycle 3*, Nathan, « Les repères pédagogiques », 2006.
- Tomassone R., *Pour enseigner la grammaire*, Paris, Delagrave, 1996.

Pour s'entrainer

- Bellanger F., *Le Masculin et le féminin*, coll. « La grammaire amusante », Retz, 1995.
  Bellanger F., *Le Singulier et le pluriel*, coll. « La grammaire amusante », Retz, 1995.
  Bellanger F., *Le Passé, le présent et le futur*, coll. « La grammaire amusante », Retz, 1996.
  Bellanger F., *Le Sujet et le verbe*, coll. « La grammaire amusante », Retz, 1996.

- Bérillon P., *La Grammaire de Léa Paillepoutre*, Retz, 2006.

- Picot F., Popet A., *Maitrise de la langue au CE1*, Retz, 2007.

- Rambaud P., *La Grammaire en s'amusant*, Grasset, 2007.

Direction éditoriale : Céline Lorcher
Édition : Anne-Sophie Tilly
Correction : Florence Richard
Maquette couverture et intérieur : Nicolas Piroux
Mise en page : STDI
Illustrations : Sophie Rohrbach et Émilie Graebling

N° de projet : 10290030
Dépôt légal : juillet 2021
Achevé d'imprimer en France en janvier 2023
sur les presses de l'imprimerie Chirat

Présentation des ressources numériques

• Retrouvez les ressources en ligne sur mes-ressources-pedagogiques.editions-retz.com **(voir page 2 de couverture)**

Cliquer sur l'onglet souhaité pour accéder aux ressources associées.

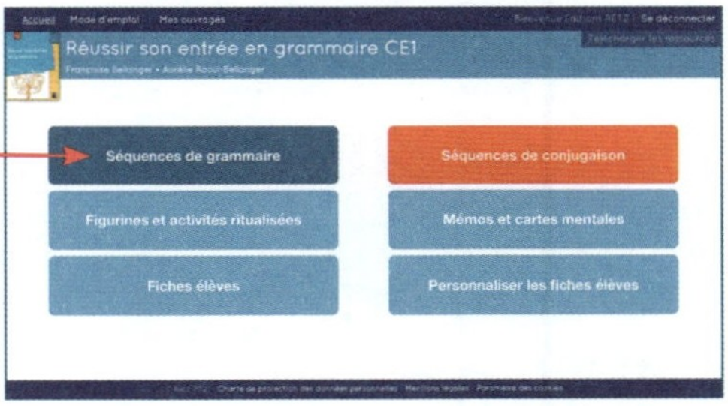

Le nom de l'onglet sélectionné s'affiche en couleur

Cliquer sur ces onglets pour accéder directement aux autres domaines, sans repasser par l'écran d'accueil.

L'ensemble des ressources associées à la séquence s'affiche dans la partie droite de l'écran, sous forme de liste ou de vignettes.

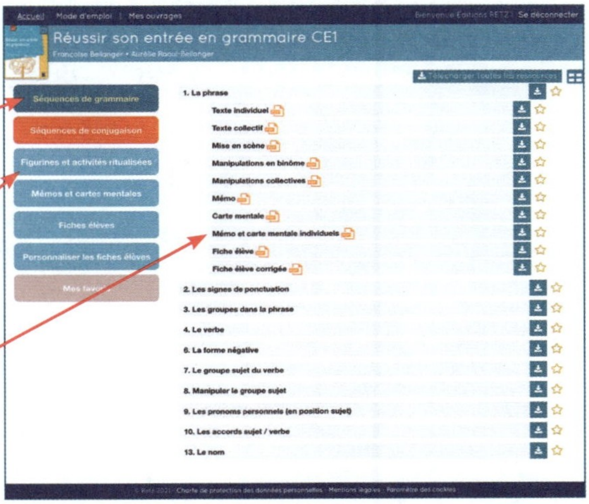

• Toutes les ressources nécessaires à la mise en œuvre des activités, organisées par séquence. Les fiches élèves et les mémos sont également regroupés.

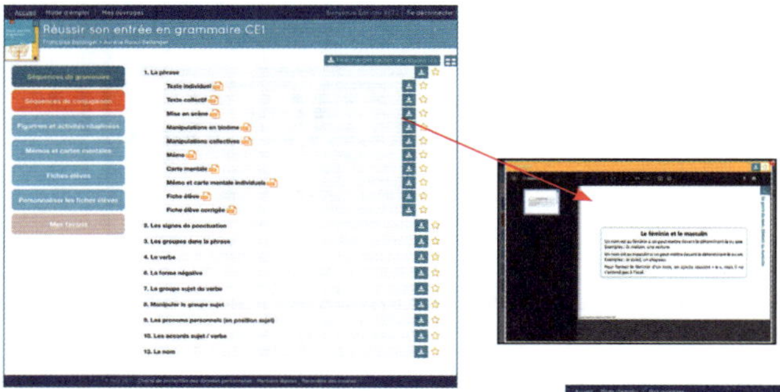

146 documents pour les séquences de grammaire

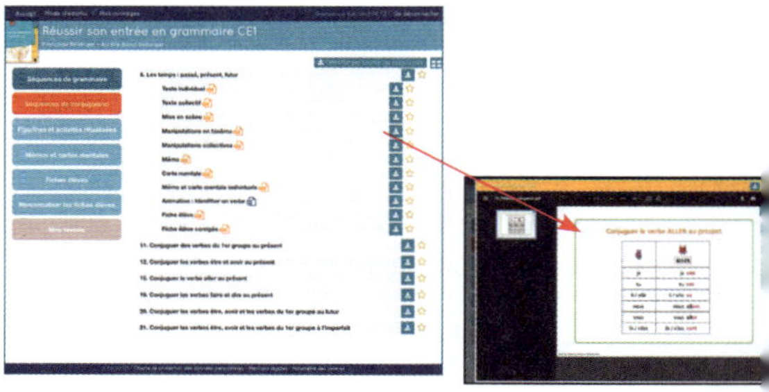

68 documents pour les séquences de conjugaison

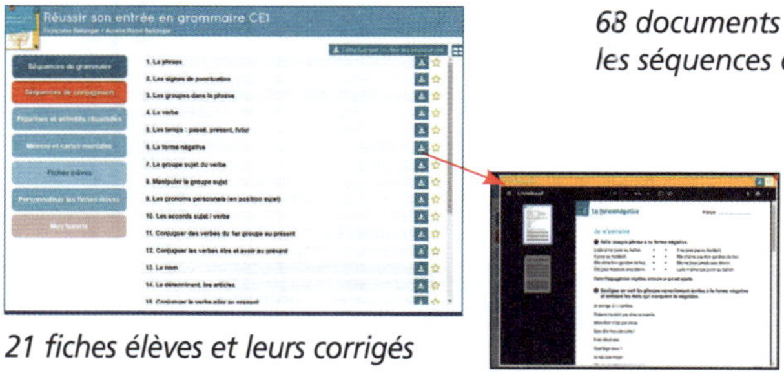

21 fiches élèves et leurs corrigés

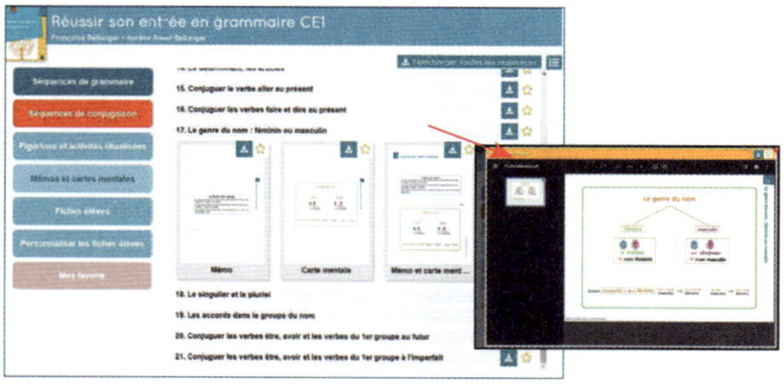

21 mémos et cartes mentales

• Personnaliser les fiches élèves

Réussir son entrée en grammaire CE1 propose des fiches élèves personnalisables et enregistrables.

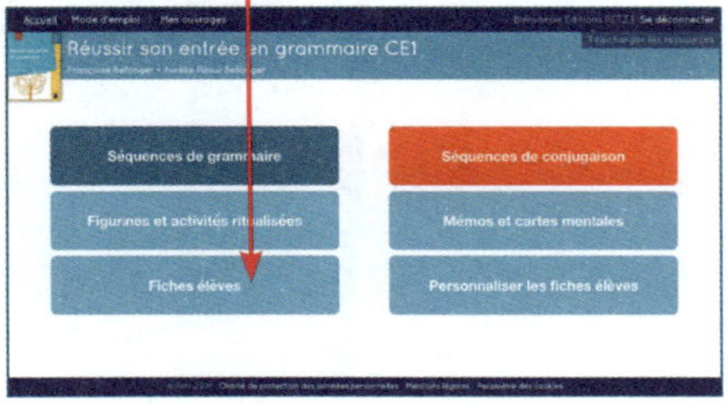

Cliquer sur la loupe pour afficher l'exercice.

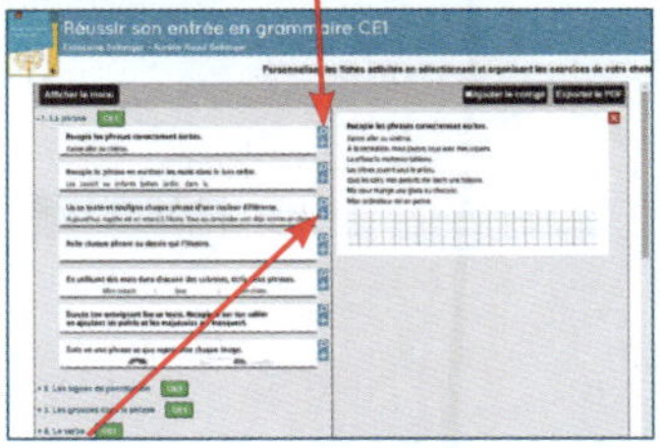

Cliquer sur le + ou faire glisser les exercices choisis pour les faire apparaitre à droite de l'écran.

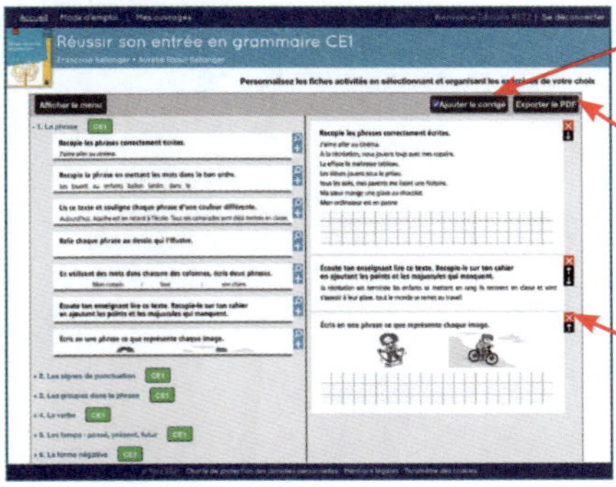

Sélectionner « Ajouter le corrigé » pour obtenir les corrections des exercices choisis.

Cliquer sur « Exporter le PDF » pour générer la fiche personnalisée et pour la télécharger.

Composer la fiche élève personnalisée.
Changer l'ordre des exercices à l'aide des flèches, ou les supprimer en cliquant sur la croix.

Le pdf exporté.

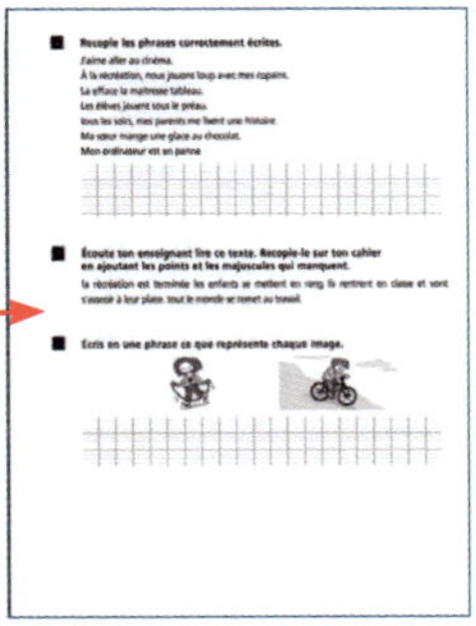

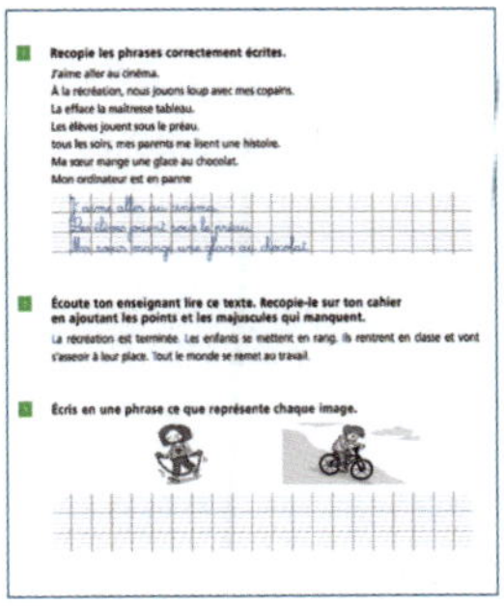

Les corrigés de la fiche élève personnalisée.